妈妈的修行课：

用孩子的逻辑化解孩子的情绪

吴玉荣——著

苏州新闻出版集团
古吴轩出版社

图书在版编目（CIP）数据

妈妈的修行课 ：用孩子的逻辑化解孩子的情绪 / 吴玉荣著. -- 苏州 ：古吴轩出版社，2024. 11. -- ISBN 978-7-5546-2479-1

Ⅰ. G78

中国国家版本馆CIP数据核字第2024ZB9674号

责任编辑：顾　熙
见习编辑：张　君
策　　划：仇　双
装帧设计：尧丽设计

书　　名：妈妈的修行课：用孩子的逻辑化解孩子的情绪
著　　者：吴玉荣
出版发行：苏州新闻出版集团
　　　　　古吴轩出版社
　　　　　地址：苏州市八达街118号苏州新闻大厦30F
　　　　　电话：0512-65233679　　　邮编：215123
出 版 人：王乐飞
印　　刷：水印书香（唐山）印刷有限公司
开　　本：670mm×950mm　　1/16
印　　张：10
字　　数：114千字
版　　次：2024年11月第1版
印　　次：2024年11月第1次印刷
书　　号：ISBN 978-7-5546-2479-1
定　　价：46.00元

PREFACE 前言

孩子放学回到家后，妈妈对孩子说："我把你的平板电脑收起来了，以后你要认真学习，什么时候学习进步了才可以使用它。"

"您怎么能不跟我商量呢？您怎么可以随便动我的东西？"

"我是你的妈妈，所以可以管着你。"

孩子非常气愤，浑身颤抖地说："那我想要换一个妈妈！"说完，头也不回地回到房间，并锁上房门。

听到孩子这样说，这位母亲很伤心。

很多家长以为自己是孩子的父母，自己是爱孩子的，所以自己不会害孩子。仗着身份和"爱"，家长们高举"我都是为你好"的旗帜，肆无忌惮地剥夺孩子的各种权利，包括自主选择的权利。

家长如果总是站在强者的角度跟孩子沟通，就会忽略孩子的想法，给孩子造成伤害，让亲子关系变得紧张。

作为意识主体，每个孩子都有自己的逻辑和想法，他们渴望被父母尊重，被父母认可。如果父母对孩子过于苛刻，就会出现上面那种两败俱伤的局面，不仅孩子难过，父母也会很伤心。

遗憾的是，很多家长在管教孩子时总是不自觉地使用强制性手段，一旦发现孩子不服管教，就会情绪失控。有时父母觉得自己只是在正常地管教孩子，而孩子感受到的却是父母的全盘否定。

在一个充满信任感的家庭里，孩子的需求能得到充分的尊重，孩子的内心也会更加健康和丰盈。孩子正处于成长阶段，不免会遇到这样那样的问题或者冲突。这时，父母说话前要多想一想，别随口说出伤害孩子的话。优秀的父母都能顺着孩子的逻辑跟孩子沟通，化解孩子负面情绪的同时还能给孩子成长的力量，让孩子感受到被尊重。

身为父母，我们都会对孩子寄予厚望：希望他健康快乐，希望他正直善良，希望他学习优秀，希望他事业有成……但这些美好的愿望能不能实现，很大程度上取决于父母是否尊重孩子的情绪。

本书囊括了孩子会遇到的各种问题，从家庭到学校，从学习到交际，每一个场景都取材于现实生活，并从孩子的逻辑入手进行分析，能让家长朋友更好地了解孩子的情绪问题。

此外，本书每一节都列举了错误话术和正确话术，希望家长能在反省自己跟孩子的沟通问题的基础上，跟孩子建立平等、高效的亲子对话关系，提高亲子沟通效率。

最后要说的是，请家长朋友不要给自己施加过多的压力，因为家长也是在不断地摸索、学习中逐渐成长起来的。没有谁能在孩子出生后马上成为最佳父母。所以，请家长朋友安心地和孩子一起学习，慢慢成长吧！

CONTENTS
目录

第一章 孩子表现不佳时如何应对

第二章 上学之前的"冲突1小时"

第三章 解读孩子的“在校人生”

第四章 写作业时的那些小情绪

第一章

孩子表现不佳时如何应对

“没考好，我太笨了”

情景展示

瑞瑞期末考试考得不理想，他感到很失落，觉得自己太笨了。

情绪解读

有些孩子在考试成绩不理想时，就会陷入悲观的情绪，觉得自己笨，坚定地认为“我不行”“我太笨了”“我不会”“我做不到”。无论父母怎么安慰，孩子都还是关注事物消极的一面，不愿意积极地面对。

心理学家认为，决定一个孩子是乐观还是悲观的关键在于思考模式，而这种思考模式跟父母的教育方式有关。以下三种教育方式很容易造成孩子的悲观心态。

1. 批评式教育。孩子没考好，有的家长张口就来：“你真是够笨的，照这样下去，别说考大学了，上高中都没戏，真是一无是处！”孩子如果长期遭受家长的批评，就会给自己贴上“我很笨”的标签，并觉得自己什么都做不好。

2. 夸大后果式教育。有的家长习惯夸大后果，比如：孩子吃东西快时，就说“吃得太快了，如果食物呛到气管里，就要去医院把气管切开”；当孩子上下楼梯快时，就斥责道“慢点儿，要是从楼梯上摔下来，你的腿会摔断的”。父母夸大行为的后果，往往会限制孩子的行为，让孩子越来越胆小、懦弱。

3. 否定式教育。孩子想跟别的小朋友一起玩，家长却对他说：“你太小了，大孩子会欺负你的。”孩子对跳舞感兴趣，家长却对他说：“不能学，你从小就胖，胖子不适合学跳舞，大家都会嘲笑你的。”父母总是对孩子说否定的话，孩子怎么可能乐观呢？

错误话术

意大利教育家蒙台梭利认为，每个孩子都喜欢观察这个世界，也特别容易被成人的行为所吸引，进而模仿。所以说，父母的言行会直接影响孩子的性格、心态。因此，请家长不要说一些不合适的话，比如：

“瑞瑞，这次考得不理想，你再努力一些，下次一定可以考好。”

“平衡车太危险了，你看又摔倒了吧！算了，咱们不玩这个了。”

“你把轩轩最喜欢的乐高弄坏了，这下闯祸了吧！”

“其他同学怎么都会背？你背不下来，就一句一句地背。啥时候会背了，啥时候去睡觉。”

正确话术

大部分孩子都有畏难情绪，假如再加上父母的负面话语，孩子会越来越没有信心。而父母理解与支持孩子，以及让孩子体验成功的喜悦，可以帮助孩子增强自信心。父母可以帮孩子将大任务拆解成可操作的小任务，这样孩子的心理负担就会减轻，积极性和主动性也会被调动起来。父母可以这样说：

“瑞瑞，这次考得不理想没关系，我们来看看是哪方面出错了，争取下次不在这种题型上出错。”

“平衡车的确很危险，但肯定有办法能避免摔倒。来，让我们看一下刚才哪个动作没做到位。”

“你把轩轩最喜欢的乐高弄坏了，妈妈知道你不是故意的。但做错事要先道歉，你可以试着帮轩轩重新拼好。如果他还是不肯原谅你，你可以送他一个小礼物。”

“背不下来是吗？那我们看看有几段需要背诵，你要不先试着背一段？”

当孩子的表现不尽如人意的时候，父母要理解他，并帮助他寻求解决问题的方法，而不要说一些负面的话语。要知道，这时父母的一句鼓励能给孩子带来强大的力量，让他有信心去尝试、去努力。

“比赛输了，我很难过”

今天，市里举行篮球联赛。浩浩早上高高兴兴地出门，下午却哭丧着脸回到家里，然后便大哭起来，原因是输了比赛。

情绪解读

每当孩子因受到挫折而伤心大哭的时候，很多父母都会想办法快速制止孩子哭泣，然后，主观地解读孩子伤心的原因。在成年人眼中一次比赛失败算不上什么大不了的事，于是，“没关系”式安慰的话语脱口而出，结果孩子却哭得更伤心了。为什么“没关系”式安慰没有效果呢？因为对孩子来说，父母这样说等于否定他的难过，让他觉得自己不被理解，所以感到很伤心。

如果父母总是采取“没关系”式安慰，时间长了，孩子的胜负欲会越来越强，他们会无法接受自己处于弱势，无法接受失败，甚至无法接受自己的普通。另外，这也会让孩子缺乏安全感，让他们认为只有比别人都强才会有安全感。一旦处于弱势或者失败了，他们就会变得沮丧，甚至精神崩溃。

错误话术

请家长设想一下，假如你在工作中没得到年终奖，正在难过，同事甲走过来，轻描淡写地说："哎呀，不就是一笔奖金嘛！没有就没有，有什么大不了的！"你会是什么感受？更重要的是，父母这种"没关系"式安慰，只会让孩子的情绪感受力逐渐下降，甚至有可能失去同理心。常见的"没关系"式安慰如下：

"没关系，重在参与。友谊第一，比赛第二。"

"没关系，下次比赛好好表现就行了。"

"没拿第一就没拿吧，也犯不着哭啊！参加比赛都是有输有赢的。"

"别哭了，别哭了。咱们再下一盘棋，这次妈妈让你赢，行吗？"

"小金鱼死了很正常，买的时候就告诉过你，金鱼活不长。"

"你的好朋友都转学两周了，你怎么还在伤心啊？"

正确话术

当孩子因为某种原因而伤心难过或者号啕大哭的时候，父母千万不要急于劝慰，而应该先表现出理解，让孩子感受到父母会跟自己一起面对挫折，能体谅和接纳自己的难过。被父母理解的孩子，才会有足够的安全感，内心才会真正强大。家长可以这样安慰孩子：

“每天早晚都在辛苦训练，周末也加练，没得奖你肯定很伤心，妈妈理解你的心情。”

“你下棋时全神贯注，虽然输了，但我觉得你刚才那一步特别有水平，让妈妈有些措手不及。”

“小金鱼死了，妈妈也非常难过。我们把它永远记在心里，好吗？”

“看你这几天情绪低落，是因为好朋友转学了吗？你要不要给他打个视频电话？”

针对“情景展示”中的案例，家长安慰完孩子后，可以肯定孩子在平时训练或者比赛过程中做得好的地方，让孩子明白自己虽然输了比赛，但也有值得肯定的地方，这样孩子会越来越勇敢、越来越坚强。

需要注意的是，如果某件事对孩子的打击比较大，请多给孩子一些时间去平复心情，之后再进行安慰，要让孩子知道他一直是被理解、被关注的。

“接力跑比赛，我不小心摔倒了”

萍萍报名参加了运动会的4×100米接力赛，没想到还没跑几步就不小心摔倒了。她觉得同学们都在责怪她，感到非常委屈。

情绪解读

孩子在成长的过程中不可能总是一帆风顺的，总会因为一些误解与不如意而感到委屈、难受，适当地遭受一些委屈对孩子的成长是有好处的，但是如果委屈的体验超过了一定限度，也会给孩子的心理带来伤害。

当孩子感觉特别委屈的时候，家长要引导孩子说出让他感到委屈的事情，及时搞清楚事情的前因后果，采取一定的干预措施，以减轻负面心理对孩子的影响。同时，还要让孩子明白道理，获得勇气与力量，从而提高心理承受力，增强意志力。

面对感到委屈的孩子，有些父母的态度不太好，他们或是粗暴，或

是冷漠，无法跟孩子共情，甚至质问、指责孩子，认为问题的根源就在孩子身上。于是，孩子被父母的态度吓坏了，根本不敢对父母说出事情的真相，只能将委屈情绪深藏心底。常见的父母的错误话术如下：

“是谁欺负你了？赶紧跟妈妈说，我去找他的家长！”

“为什么大家都不理你？你应该从自己身上找原因。同学们怎么只针对你，不针对其他人呢？”

“如果不是你平时太调皮，大家怎么会怀疑是你干的？”

正确话术

要想排解孩子的委屈情绪，就一定要及时发现他受委屈了。由于各种原因，有些孩子不敢或者不想让家长知道自己遭受的委屈，这时家长就要注意说话的态度和方式，引导并鼓励孩子把心里的委屈讲出来。比如：

“有什么委屈能跟妈妈说说吗？相信妈妈，妈妈一定能帮到你的。”

“谁遇到这样的事情都会觉得特别委屈的，妈妈理解你的感受。”

“有的时候误解是不可避免的，但真相迟早会浮出水面。妈妈相信你很坚强，这次受委屈的经历会让你成长得更快。”

当孩子感到委屈时，家长要对孩子表现出理解与同情，而不是一副漠不关心的样子，甚至质问、指责孩子。家长只有帮助孩子成功排解不良情绪，才能引导孩子勇于面对困难、解决问题。

“我又闯祸了，我是不是很调皮”

情景展示

浩浩跟着妈妈去姑姑家做客。由于跟弟弟妹妹在一起玩得太高兴了，浩浩不小心把姑姑家的花瓶给打碎了。他惊慌失措地问妈妈：“我是不是很调皮？”

情绪解读

处于童年阶段的孩子没有很好的自我约束力，因此，犯错是常见且正常的。当然，常见和正常并不意味着这种行为是被支持的，所以浩浩在打碎花瓶后会变得惊慌失措、内心愧疚。

孩子犯错后，父母应该主动去了解孩子行为的动因，而不是一味地斥责孩子，否则容易让孩子产生畏惧和抵触情绪，以及不被理解的孤独感、失落感。长此以往，亲子关系会越来越糟。

错误话术

父母斥责的话语不仅会增加孩子的愧疚心理，甚至会让孩子变得自卑，所以，父母不要再说如下话语了：

“你还知道自己调皮啊？妈妈告诉过你，做客的时候要有礼貌。你玩的时候我就提醒过你不要跑这么快。”

“看你，把姑姑的花瓶打碎了，以后姑姑就不欢迎你来了。”

“你打碎了姑姑的花瓶，是你错了，快去向姑姑道歉，并保证永远不会再犯了。”

“今天你犯错误，这么多亲戚都看到了，他们会认为你是个特别调皮的孩子，都不喜欢你了。”

正确话术

孩子犯错后，父母一定要先冷静下来，然后再询问原因，让孩子有一个清醒的认识，这有利于解决问题和减少孩子调皮的行为。话术建议如下：

“你怎么把花瓶打碎了？是不小心还是有其他原因？你得把碎片打扫干净，并向姑姑道歉。”

“你打碎了姑姑的花瓶，是你做错了，这是事实。”

“我们来姑姑家做客，作为客人，不应该这么顽皮地跑来跑去。破坏了姑姑家里的东西，要真诚地道歉，勇敢承担责任。”

“你能第一时间道歉，妈妈很欣慰。但是花瓶是姑姑的东西，我们应该弥补姑姑的损失。下次咱们给姑姑带一个新的花瓶，你觉得怎么样？”

“你今天确实是有些调皮。你说自己是因为和弟弟妹妹见面太高兴了才会这样，妈妈可以理解，但是我希望以后不要再出现这种情况了。先向姑姑道歉，下周末咱们挑一个花瓶给姑姑送来。”

孩子犯错后，适当的愧疚感对孩子的成长是有利的，但是毕竟孩子的心理还没有完全成熟，如果家长没有及时开导，孩子很容易产生自卑的心理。所以，父母不仅要细心观察孩子的状态，还要通过对话让孩子全面、客观地认识自己，帮助孩子成长。

“我不敢当着很多人的面上台唱歌”

情景展示

老师推荐思远代表班级参加学校的唱歌比赛，可他不敢当着很多人的面上台唱歌，他说道：“我胆小，肯定不能取得好成绩。”

情绪解读

孩子遇到从未尝试过的事情时，表现出胆怯并且退缩不前是可以理解的。但是，孩子的成长过程就是一个勇于尝试的过程，孩子需要大胆地接触那些从未尝试过的事物，这样他才能认识自己、认识社会、认识世界。如果孩子因为缺乏信心而失去一个又一个了解自己和外界的机会，那他最终只会停滞不前。当某一天不得不离开舒适圈的时候，他就会感到无法适应。

面对胆怯的孩子，家长该如何有效地鼓励孩子呢？

首先，对孩子的胆怯心理，家长要表示理解。

其次，帮孩子分析之前错失的机会，让孩子意识到错失比赛的可惜之处。

最后，思考如果失败了怎么办。告诉孩子，要以汲取经验、学习技能的态度来对待每一次挑战，以减少孩子对比赛的畏惧感。

错误话术

作为孩子最亲近的人，父母应该对孩子的能力做出合理的判断，并结合实际情况，给孩子设定合理的目标，千万不要急于求成或者提出过高的要求。你如果说过和下面类似的话，请一定要改正。

“多少次了？一说到参加比赛你就摇头。你的同学每学期都参加各种各样的比赛，还拿了奖状，而你什么都没有。整天怕这怕那的，那你长大以后怎么参加工作？”

“勇敢一点儿！拿个好名次回来。”

“害怕了吧？学了几年声乐，你从来没有在公开场合唱过歌，即便参加比赛也很难取得好成绩。”

正确话术

如果孩子因某事而胆怯，父母应该及时给予孩子有效的鼓励。这种鼓励不是夸大孩子的能力，否则会让孩子对自己的认识不客观，而是根据孩子的实际情况提出合理的期望，让孩子别有太多的心理负担。话术建议如下：

“宝贝，老师推荐你参加比赛，肯定是相信你的能力。这几年你不愿意参加比赛，失去了很多展现自己和认识更多有才华的人的机会，是不是非常可惜？”

“就算你没有表现好，也没关系，仅仅是一次小小的失败，但是你却能从中得到一些宝贵的经验。爸爸妈妈都支持你尝试一下，你觉得呢？”

“跟那些经常参加比赛的人相比，你的实战经验确实不多。但这是一次很好的锻炼机会，同学也会因此更加了解你，比赛的过程同样会让你有所收获。有了这一次的经验，以后成绩会越来越好的。”

“我觉得你并不胆小，只是比较谨慎。老师都愿意相信你，你就应该自信地展示自己。”

在父母的劝说下，如果胆怯的孩子同意参加某项赛事，家长应该在孩子后续的备赛和比赛过程中持续给予鼓励、支持、陪伴以及理性的分析。切忌为了荣誉而不考虑孩子的实际情况，盲目让孩子去参加比赛，让孩子有糟糕的体验，否则会让好不容易鼓起勇气的孩子备受打击，甚至会让孩子变得萎靡不振。那时，再想鼓励孩子振作起来可就更困难了。

“明天要考试，我没胃口吃饭”

情景展示

明天就是四年级的期末测试了，小波有些焦虑，晚饭只吃了两口就放下筷子，跟妈妈说：“我没胃口。”

情绪解读

家长如果细心一些就会发现，在孩子的成长过程中，焦虑这一情绪时常伴随孩子左右。比如：明天期末考试，孩子突然一副无精打采的样子，连最喜欢吃的红烧鸡腿也不想吃了；马上要上台参加演讲比赛，早就已经将演讲稿熟记于心的孩子，却突然紧张到忘词了……

随着年龄的增长，孩子的自尊心越来越强，自我意识也在不断觉醒，他们越来越在意别人对自己的评价与看法。于是，面对即将来临的挑战，孩子通常会因为过于在意结果，过于在意家长、老师、同学对自己的评价而变得紧张，甚至陷入焦虑的情绪中。

紧张本来是一种正常的情绪，可当紧张演变成焦虑时，对孩子来说就是有百害而无一利了。因此，当孩子受焦虑情绪的影响时，家长一定要给予孩子恰当的引导。

首先，对孩子的焦虑情绪表示充分的理解和接纳。

其次，找出孩子焦虑的原因，有的放矢，耐心安慰。

最后，正确引导，转移孩子的注意力，让他从过分注重结果转变为充分享受过程。

错误话术

很多家长都能发现孩子的焦虑情绪，但是他们却没有去了解孩子焦虑情绪产生的深层原因，总觉得小孩子不会有什么大不了的事情。殊不知，这种想法是非常错误的。所以，家长一定要避免说以下话语：

“还没开始考试就先发愁了，我看你这孩子也没多少出息。”

“你这孩子一天天的心思太重，每天皱着眉头东想西想，我就奇怪了，你怎么会有那么多烦恼呢？”

“别担心啦，担心也没用，明天好好表现才最重要。”

正确话术

不管孩子的焦虑情绪是什么原因导致的，家长都应该用理解和接纳的态度来面对。因为只有那些设身处地地为孩子着想的家长，才能让孩子的焦虑情绪得到缓解。当孩子觉得父母能理解自己的感受，并且跟自己并肩作战时，孩子的压力就找到了释放的出口，焦虑情绪也就会随之有所缓解。所以，父母可以这样说：

“今天怎么没有跟小伙伴一起去小公园玩？是不是有什么心事？愿意跟妈妈聊聊吗？”

“是担心明天的期末测试吗？咱们一起看一遍错题本吧，你的知识学得还是很扎实的。”

“学了这么久的大号，明天就要参加考级测试了，肯定会有点儿紧张。妈妈陪你把比赛的曲子再练习一遍，明天正常发挥。”

正所谓“心病还须心药医”，在充分理解孩子的焦虑情绪并明确孩子焦虑情绪产生的原因后，家长还要采取切实有效的方法来缓解孩子的焦虑情绪。只有切中问题的实质和要害，并对症下药，才能帮助孩子缓解焦虑情绪。

第二章

上学之前的“冲突1小时”

孩子是“起床困难户”

情景展示

起床铃声第二次响起来，明泽还在呼呼大睡，妈妈推开门，叫道：“上学就要迟到了，快点儿起来！”明泽翻了个身，说道：“妈妈，我好困啊，想再睡5分钟。”

情绪解读

明泽已经上三年级了，每天早上都赖床不起，妈妈对此感到十分头疼，想了很多办法都不能让明泽痛快地起床。很多孩子都有起床困难的问题，家长看着赖床的孩子很难不烦躁，如若早上家里的氛围就比较紧张，那家长、孩子这一整天的情绪和状态自然会受到影响。

那么，究竟是哪些原因促使孩子成了“起床困难户”呢？

1. 孩子睡眠不足或睡眠质量不佳，如睡晚了、做噩梦了。
2. 孩子时间观念不强，不会合理分配自己的时间。
3. 孩子为了逃避上学。

4. 天太冷，孩子贪恋温暖的被窝。

错误话术

当家长一边忙着做早餐，一边担心孩子上学迟到、害怕自己上班迟到时，孩子却赖着不愿起床。这时，家长心中的怒火极易被点燃，很有可能对孩子说出一些催促、埋怨的话语，这些话可以轻而易举地挑起家长与孩子之间的“战火”，使早上原本就紧张的气氛变得更加紧张。比如：

“睡够了吧？睡够了就赶紧起床！”

“看看现在都几点了，还不快起床？”

“要迟到了，快点儿起床！”

“赶紧起床，再不起床我打你了啊！”

“我早饭都做好了，你怎么还在睡？”

正确话术

你的孩子也是“起床困难户”吗？是哪个原因导致他喜欢赖床呢？在找到孩子成为“起床困难户”的原因后，家长就可以选择一些比较有针对性的、幽默又平和的话术叫孩子起床。下面是给父母的一些话术建议：

“起床啦！妈妈给你做了香喷喷的早餐，有你最爱的玉米蒸饺。”

“起床啦！不然妈妈一会儿出门上班后，你就要一个人待在家里了！”

“太阳都晒屁股了，再不起床，屁股就要被晒熟啦！”

“眼睛醒了吗？醒了就眨一眨。嘴巴醒了吗？醒了就吱一声……”

家长在使用这些幽默、平和的话语叫家里的“起床困难户”起床时，既不会增加孩子的紧张感和焦虑感，也不易让孩子感到烦躁。同时，为了把孩子培养成自立的人，家长还是要和孩子一起找到赖床的原因，这样才能从根本上帮助孩子摘掉“起床困难户”的帽子。

早餐吃几口就放下了筷子

情景展示

吃早餐时，兮兮只吃了几口就把碗一推，说道："我不吃了。"妈妈皱着眉头说："总是剩饭，这是很不好的习惯！"兮兮说："我饱了！"

情绪解读

当孩子不好好吃早饭时，很多家长的第一反应就是批评甚至惩罚孩子，可总是没什么效果，孩子通常并不心悦诚服，有时根本意识不到或者不愿意承认自己有错，就算意识到了、承认了，也不愿意配合家长去改正错误，同时还会产生强烈的逆反心理。如果遇到这种情况，家长可以试试用鼓励代替催促、指责和批评。

鼓励的话往往都是正能量的语言，可以帮助孩子积极地面对问题，有助于孩子产生足够的主观能动性，进而更愿意听取父母的意见。同时，鼓励的话可以让孩子产生自信和愉悦感，孩子受这种情绪的影响也会更愿意接受父母的教育而放弃错误的做法。

一般来说，孩子不爱吃早餐是有原因的，比较常见的原因有以下几种。

1. 早餐没有孩子喜欢吃的食物，或者不合孩子的胃口。
2. 孩子身体不舒服，没有食欲。
3. 孩子起晚了，担心吃早餐会迟到。
4. 家长总是在早餐的时间说教，孩子对此很厌烦。

错误话术

批评孩子，传递的是一种消极、否定、悲观的态度；鼓励孩子，传递的是一种积极、肯定、乐观的态度。家长若用负面的语言评价不吃早餐的孩子，会让孩子觉得父母一直盯着自己的缺点，甚至觉得父母小题大做，会让孩子变得越来越叛逆。

“天天早上剩饭，吃个饭都比别人麻烦。”

“让你吃早餐是为了你好，不吃不行。”

“不吃早餐对身体不好，快点儿吃！”

“早餐必须吃，你这孩子，太让人费心了！”

正确话术

鼓励孩子能够让孩子明白父母的目的不是指责他的缺点，而是希望他变得更加优秀。如果父母能不断地对孩子进行鼓励，那孩子好的行为会不断得到强化，不好的行为则会不断被弱化或改正，时间长了，孩子那些好的行为就会变成好的习惯，那些不好的行为也会自然而然地消失。

“妈妈相信你今天就可以做到不剩饭，先给你点个赞。”

“怎么了？没有你喜欢吃的食物吗？妈妈尝一下。味道还可以啊！再吃点儿怎么样？”

“不要担心上学会迟到，吃饱肚子才能更好地学习。”

父母要先对孩子做得好的地方予以肯定，这样孩子才能在心理上更容易接受自己做得不好的地方，更愿意在父母的引导下做得更好。如果父母给孩子贴上“粗心”“笨”“调皮”等标签，那不仅会让孩子有不正确的自我定位，还会让孩子产生自卑心理，无法充满自信地向着更优秀的方向发展。而用正能量的语言激励孩子，用暗示、建议、鼓励等方式来应对孩子的错误，会让孩子充满信心地做更好的自己。

“如果我吃了早餐，您就要给我买玩具”

情景展示

周一早上，诺诺跟妈妈撒娇说：“妈妈，我不想吃饭。”妈妈问：“怎么突然不想吃饭了？是哪里不舒服吗？”诺诺说：“如果我吃了早餐，您就要给我买一个新玩具。”

情绪解读

随着心智的成熟，孩子越来越会借助各种方式来为自己谋利，和父母讨价还价就是最为典型的方式。孩子知道父母的目的是让自己吃完饭，他觉得既然自己拒绝不了父母，那不如借此机会给自己争取点儿利益。

孩子开始讨价还价，意味着他有了新的想法和主见，不再一味地跟父母硬碰硬，而是掌握了其他处理纷争的技巧。这也从侧面体现了孩子对父母的了解程度，既然他能提出这样的条件，说明他很清楚父母的期望和底线，知道什么样的条件能打动父母，这说明孩子的逻辑思维能力、语言组织与表达能力都有了很大的进步。

从孩子能对父母使用讨价还价的招数，还可以看出这个家庭经常出现某种“等价交换”，即父母经常以谈条件的形式来教育孩子。但是，假如讨价还价已经深入到家庭生活和亲子关系的各个方面，父母就需要警惕和反思自己的权威有没有下降。尤其是在某些本应该严肃教育的时候，却被孩子的讨价还价一再搅乱，这说明父母的权威变弱。

错误话术

当孩子和家长讨价还价，想用吃饭作为筹码得到一个新玩具时，父母不要非常生硬地拒绝，也不应该和孩子讨价还价。常见的错误话术如下：

“诺诺，如果你这一周都好好吃饭，我就答应给你买个新玩具。”

“凭什么要给你买玩具你才愿意吃饭？玩具不可能买，饭你爱吃不吃！”

“别以为妈妈是在求你吃饭，吃饭是你自己的事情。只要你上午上课时不会饿，我马上就把碗收走。”

“你这种讨价还价的行为非常不好，妈妈是为了你的身体健康，你却得寸进尺。我告诉你，要是你今天不把饭吃完，下个月的零花钱取消。”

正确话术

家长应该把吃不吃饭的权利还给孩子，让孩子知道吃饭是自己的事，不吃饭的后果也需要自己来承担。这样既不会给孩子讨价还价的机会，也让孩子知道做什么事情都应该有原则。“无规矩不成方圆”，父母要掌握主动权才能去制定规矩；但是，父母也要聆听和尊重孩子的意见和建议，这样才能让孩子主动遵守规则。话术建议如下：

“诺诺，买玩具是不可能的。我马上就要吃完饭，你也好好吃饭吧！”

“诺诺，要不要吃饭是你自己的事情，不能跟我讨价还价。假如你不吃饭，上午饿了就要忍着，多难受啊！假如你能好好吃饭，一上午都精神百倍。”

“为什么一定要买玩具你才愿意吃饭呢？吃饭是你自己的事情，如果你实在不想吃，妈妈也不会强迫你，就怕你上午上课时会饿。所以，你自己好好想想是否要吃早餐。”

当孩子讨价还价的时候，父母要坚定、有原则，要明确自己的态度，不要让孩子从父母模棱两可的态度中觉得有谈判空间。当然，父母也要学会和孩子共同制定规则，避免采用一刀切、一言堂的方式，否则会让孩子觉得没有被尊重。

孩子出门总是丢三落四

早晨，天佑和妈妈刚走到楼下，天佑突然说道："呀，我忘了戴红领巾！"妈妈着急地说："你怎么天天丢三落四的，上学就要迟到了……"

情绪解读

孩子早上总是丢三落四的，这是一个令家长比较头疼的问题。其实，孩子早上丢三落四，其心情自然是不好的，若家长再说一些不太合适的话语，就很容易加深孩子的自责和愧疚情绪，而这样的情绪会影响孩子一整天的学习状态。

为什么孩子早上总是丢三落四的呢？主要原因有以下几点。

1. 父母习惯帮助孩子整理物品，导致孩子有了依赖心理。
2. 孩子做事没有计划和条理，难免会做了这件，忘了那件。
3. 早上起晚了，时间太紧，孩子手忙脚乱的，给忘记了。
4. 孩子做事总是心不在焉，注意力不集中。
5. 早上家长催得紧，孩子心里焦急。

错误话术

孩子早上丢三落四的原因有很多，但丢三落四确实不是一个好习惯，这种时候，家长的情绪往往在崩溃的边缘，难免会因为没控制好情绪而说出不太恰当的话。下面这些话都是不太合适的，你是否说过？

"你怎么总是丢三落四的啊！"

"你就不能细心一点儿吗？"

"都怪你没有提前准备好，真是的！"

"怎么现在才发现啊？我上班都要迟到了！"

"你刚才怎么不好好检查呢？"

"你怎么回事啊？你怎么连收拾书包这点儿小事都做不好？"

正确话术

诚然，孩子出门总是丢三落四，家长难免会急躁，但急躁终究不能解决问题。家长可以借助话术来帮助孩子意识到这个问题。当孩子在出门前说有东西找不到了，或者在半路上说有东西忘了拿时，家长不妨试试这么回复孩子：

“你这样可不行，丢三落四不是好习惯！”

“早上忘带东西很容易使人烦躁，以后咱们得注意一下，争取出门不忘东西。”

“一次忘带情有可原，妈妈有时候也会忘记，但你这已经不是第一次了，究竟是哪里出了问题呢？”

“早上时间太紧了，你手忙脚乱的，难免会忘了。以后咱在晚上就把书包整理好吧！”

总之，在遇到类似的问题时，家长首先要控制自己的情绪，而后通过话术帮助孩子认识到丢三落四是个不好的习惯，引导孩子进行反思，找到丢三落四的根源，进而改掉孩子丢三落四的毛病。

穿鞋子也要用5分钟

果果坐在门口穿鞋，已经穿了大概5分钟了，妈妈生气地说道：“你别磨蹭了，穿鞋子也要5分钟吗？”

情绪解读

孩子一大早就拖拖拉拉、磨磨蹭蹭的，这对急着送孩子上学，然后再赶到公司上班的父母来说，无疑是一件令人十分上火的事。可是，有时候家长越着急、催促，孩子就越拖拉、磨蹭。

这种时候，父母不要吼叫，也不要说教，更不要给孩子贴上“拖拖拉拉、磨磨蹭蹭”的标签，因为这些会激发孩子的逆反情绪。父母可以引导孩子去反思自己是不是真的慢了，自己有没有让妈妈等着急了，等等。

那么，孩子早上出门拖拖拉拉、磨磨蹭蹭的原因有哪些呢？主要有以下几点。

1. 孩子的自我控制能力较差，注意力容易被周围的事物吸引。

2. 家长越催促，孩子越有抵抗情绪，就越磨蹭。

3. 孩子的责任感不强，觉得迟到无所谓。

4. 孩子没睡好，精神状态不佳。

错误话术

在等孩子磨磨蹭蹭地穿鞋的过程中，父母很可能会因为着急而说出一些不太合适的话语。其实，父母如果总是对孩子进行说教、批评，反而会在无意间强化孩子拖拉、磨蹭的意识，这对改掉孩子拖拉、磨蹭的习惯是不利的。常见的错误话术如下：

"别磨蹭了，快点儿！"

"怎么还没好？"

"你为什么总是这么慢？"

"你就不能麻利点儿吗？"

"你倒是快点儿啊！我上班都要迟到了。"

正确话术

当孩子因为各种原因而拖拖拉拉、磨磨蹭蹭时，父母先不要急躁，也不要试图通过说教让孩子一下子变得懂事，进而加快速度；否则很可能会适得其反，让孩子心生抵抗情绪，故意放慢速度，变得更加拖拉、磨蹭。这种时候，家长可以试着这样对孩子说：

“稍微快一点儿，好吗？马上就要八点了！”

“你能稍微加快点儿速度吗？妈妈有些着急！”

“要快一点儿呀！不然妈妈上班就要迟到了，迟到就要被扣钱，扣了钱就不能带你去吃好吃的啦！”

“快一点儿呀！否则你就要自己承担上学迟到的后果了。”

“妈妈觉得你今天比平时快了点儿，要是能再快一点儿就更好啦！”

父母在日常生活中要注意为孩子树立良好的榜样。如果父母自己就是一个做事高效、有条不紊的人，孩子自然会受到潜移默化的影响。父母在日常生活中表现得积极和高效，会成为孩子模仿的对象，从而帮助他们逐渐改掉拖拉的习惯。

“我不想去学校上学”

情景展示

吃完早餐，甜甜坐在餐桌边一动不动，妈妈说：“快背上书包，我们要出门了。”“妈妈，我不想去学校上学。”甜甜小声地说道。妈妈问：“为什么呀？”甜甜答道：“上学好辛苦，冬天太冷了，夏天又太热，迟到了还要被批评。好不容易放学回家，还得写作业……”

情绪解读

孩子出现厌学情绪，是令很多父母头疼的问题。有些父母不思考孩子厌学的原因，只会怒斥孩子，以至于本来厌学情绪不是特别严重的孩子变得越来越叛逆。为了跟父母对抗，他们开始逃学，甚至冲动之下放弃学业。

实际上，孩子说“不想上学”往往是在宣泄情绪，并不是真的打算不上学了。父母这时应该静下心来跟孩子认真交流，了解孩子出现厌学情绪的原因。比如：是不是考试成绩不理想？是不是父母的期望太高，导致孩子的学业压力大？是不是跟老师、同学闹矛盾了？只要孩子有倾诉的意愿，接下来的沟通、引导就会容易很多。

假如孩子不愿意说出自己的心里话，父母也不应该恶语相向，因为这只会让事态加重，并不能缓解孩子的厌学情绪。资深教育专家认为，孩子厌学的原因通常有以下五点。

1. 孩子成绩差。孩子学习非常努力，但收效甚微，缺乏学习的积极性。

2. 孩子学不进去。孩子注意力不集中，课堂上听不懂，课后补不回来，失去了学习的信心。

3. 孩子不知道学习的目的是什么。孩子认为学习是为爸爸妈妈、老师学的，是为了考上大学，等等，没有人生目标，缺乏学习的动力。

4. 孩子受到其他人的不良影响。所谓“近墨者黑”，假如孩子身边有几个不爱学习的伙伴，会很容易被影响。

5. 孩子的兴趣班太多。为了让孩子变得更优秀，很多父母花费大量的时间和金钱陪孩子上各种兴趣班。这些兴趣班几乎占据了孩子所有的课余时间，导致孩子产生了厌学情绪。

错误话术

作为父母，我们都想要孩子学习好，也都拼尽全力给孩子提供优质的教育资源。假如孩子产生厌学情绪，脾气温和的父母还会跟孩子讲讲道理；但脾气差的父母，也许就会责罚孩子。常见的错误话术如下：

“不想去学校？你想气死我啊！明天必须给我上学去！”

“不想上学？那你想做什么？凭你现在的知识水平，长大了能找到什么工作？”

正确话术

只有当孩子感觉自己的情绪被父母理解时，他才能听得进去父母的建议。关于学习，父母要多加引导，让孩子对学习产生浓厚的兴趣。假如一味地强迫，只会让孩子觉得学习是一件很让人厌烦的事，并且变得越来越不爱学习。家长不妨试试这样跟孩子交流：

“妈妈理解你的心情，就像妈妈尽管很喜欢现在的工作，但有时候也会不想上班呢！你是否愿意跟妈妈好好聊聊呢？”

“以你现在的知识水平，长大后去找工作，你觉得自己能从事什么工作？你要是好好读书，以后就有能力选择自己的生活道路，而不是被动地接受生活给予的一切。”

有时候，真实的经历要比空洞的说教更让孩子信服。家长在疏导孩子的厌学情绪时，可以举一些身边的例子，比如自己的经历、朋友的经历，这样孩子更容易听进去。

第三章

解读孩子的“在校人生”

“妈妈，老师冤枉我了”

情景展示

航航平时学习成绩一般，但这次期末考试，他的数学考了满分。班主任把他叫到办公室，问他：“这是你自己独立做出来的吗？”航航听到老师这样问，感觉被老师冤枉了，心情非常糟糕。

情绪解读

在日常的人际交往中，我们有可能会有被冤枉或被误会的经历。作为成人，我们可以摆出证据来证明自己的清白。然而，对于气愤的、深陷委屈情绪的孩子来说，这些指责和冤枉的话语会给他带来很大的打击。如果不能得到理解，严重的情况下还有可能会让孩子产生抑郁心理。

当孩子被冤枉的时候，父母一定要给予孩子充分的理解。父母可以从自己之前的类似经历中总结经验，再结合自身丰富的知识储备，用较为成熟和理性的思维对孩子进行引导，让孩子正确看待和处理这种委屈情绪。切忌盲目哄孩子，盲目相信权威，对孩子撒手不管。这样，才能让孩子长大后有能力独立处理信任危机。

错误话术

有些家长对老师具有一种盲目的信任。当孩子被老师冤枉时，这类家长不会怀疑老师，反而会质问孩子有没有撒谎或者行为失当。可以想象，此时的孩子不仅委屈情绪没有缓解，反而要承受父母的怀疑，那心里得有多难受。父母常见的错误话术如下：

“航航，你的成绩妈妈是知道的，这样的题目你以前是不会的。你老实说，这真的是你自己做出来的吗？是不是老师发现了你在考场上的小动作？老师这么说肯定是有原因的。”

“你做了什么？为什么老师要否定你的成绩，怀疑你作弊呢？”

“成绩不好应该慢慢努力，现在老师肯定觉得你是个坏孩子，以后都不相信你了。”

正确话术

当孩子被冤枉时，父母要保持理智和清醒，并及时给予孩子安抚和理解。正确的话术建议如下：

“怎么了？什么事让你不喜欢老师了？可以说给妈妈听听吗？我们一起分析分析。”

“航航，妈妈特别理解你的感受，我相信你是通过自己的努力提高了学习能力的。但咱们换位思考一下，假如你是老师，发现一个平时成绩一般的学生突然考了高分，你心里是不是也会有所怀疑呢？”

“航航，妈妈非常理解你的感受，老师的话让你很受伤。但是我希望你知道，爸爸妈妈都是相信你的，你最近很努力，是有能力考满分的。”

“咱们站在老师的角度来看，假如你的学生之前一直成绩平平，却在一次考试中考了满分，你是不是也会觉得诧异？当然，老师这样问你确实不合适，但他这句话并没有否定你的一切，你下次可以再展现自己的实力。”

家长千万不要为了哄孩子而去贬低老师。孩子正处在气头上，家长如果不保持冷静和理智，会让孩子的负能量增加，让孩子对老师或者其他本应该被尊重的人产生质疑和轻视。这不仅对解决问题很不利，也对帮助孩子构建积极的人际关系不利。高情商的家长会引导孩子进行换位思考，让孩子理解老师的行为，进而缓解孩子的委屈情绪和对老师的抵触情绪。

“老师表扬我，妈妈却给我泼冷水”

情景展示

萱萱今天在学校被数学老师表扬了，因为在课堂练习中，她做对了一道很难的数学题，老师特意在全班同学面前表扬了她。萱萱回到家后高兴地跟妈妈炫耀，结果妈妈却说：“你还差得远呢！继续加油吧！”萱萱红着眼眶，难过地说：“老师表扬我，您却给我泼冷水，我讨厌您！”

情绪解读

有些家长习惯给孩子泼冷水。当孩子被老师表扬，兴高采烈地跑到父母面前，却没有得到应有的表扬和肯定，而是受到一连串的打击时，试想有哪个孩子能承受得了呢?

换位思考一下，当你拿着通宵写出的计划书兴高采烈地去找领导，满心期盼着得到领导的认可，却被告知“重新做”时，你是不是也非常失望？再多的热情也会被这盆冷水浇灭了。更何况，孩子的承受力无法跟成人的相比。

习惯泼冷水的父母对孩子的影响主要有以下两点。

1. 让孩子失去尝试的勇气。孩子被父母泼冷水的次数多了，容易出现习得性无助。习得性无助是指在反复尝试一件事却无法获得成功的情况下，会形成一种思维定式，即“我多努力都不会有用”。于是，人们会放弃尝试。父母对孩子的一次次的泼冷水行为，最终会让孩子出现习得性无助，失去尝试的勇气。

2. 让孩子的自信受到打击。当孩子在学习中有所突破的时候，他会感到非常兴奋、愉悦，同时充满了自信。在这种情况下，孩子会渴望得到父母的肯定。然而，如果他得到的是否定，甚至是嘲讽，那就会直接影响他学习的信心。我的一个朋友说，她小时候在家庭聚会上鼓起勇气唱歌，妈妈却当众嘲笑她“唱得太难听了”，她感到很难过。后来，她再也没有在人前唱过歌。就算是长大以后，每当想起这件事，她依然觉得很难过。

总之，父母的打击伤害孩子最深，这种伤害不只在当下，它会影响孩子的一生。

错误话术

当孩子得到老师的表扬时，有些父母虽然很高兴，但不会表现出来，因为生怕孩子骄傲。他们觉得给孩子泼冷水是为了孩子好。殊不知，这样做对孩子的伤害是很大的。常见的错误话术如下：

“不过是一道题而已，你还差得远！继续加油吧！”

“你快玩去吧，你帮忙都是帮倒忙。”

“这才考了第三名，有什么值得高兴的？又不是第一名！”

正确话术

孩子的任何一点儿进步，都是他自己努力得来的。父母应该善于发现孩子的进步，即便是很小的进步，也有必要及时给予鼓励和表扬，这样才能让孩子越来越优秀。比如：

“老师都表扬你了！看来你的辛苦付出得到了回报。你最近做作业的正确率都提高了，妈妈也要表扬你。”

“太好了，你能帮妈妈做饭我很高兴。你来洗菜吧。”

“爸爸妈妈知道你这学期学习很努力，你是我们的骄傲！”

作为父母，你如果真的爱孩子，那就向孩子表达充满爱的话语吧。比如，孩子做对了一道很难的数学题，你一定要鼓励、表扬，不要浇灭孩子的热情，这样才能让孩子有信心和安全感。

孩子在班里有些不合群

情景展示

在开家长会的时候，老师对佳艺妈妈说："孩子在班里有些不合群，总是一个人待着，几乎不跟同学交流。"

情绪解读

当老师向家长反馈孩子在学校里有些不合群时，很多家长会觉得孩子存在胆小、不招人待见、没朋友、社交能力差之类的问题。其实，家长的这种认知就是给孩子贴了各种问题标签，这对孩子的性格养成和人格发展十分不利。因为孩子在学校不合群是有原因的，常见的原因有以下几种。

1. 孩子胆怯、自卑，不敢与人交往。
2. 孩子性格内向，不喜欢与人交往。
3. 孩子缺乏沟通能力，不懂得如何向周边的同学表达自己的想法。
4. 孩子太过自我，没有集体意识。

错误话术

听老师反映孩子在学校不合群，有些家长首先想到的是孩子的问题，于是对孩子说一些不合适的话语，比如：

“你是不是因为胆小才不合群的啊？”

“你是不是在社交方面有问题？不然老师怎么会说你不合群呢？”

“你在学校很不招人待见吗？”

正确话术

当老师反馈孩子不合群时，家长一定不要急着给孩子贴各种问题标签，可以选择一个能让大人、孩子都放松的场合，然后像朋友一样跟孩子聊一聊，从而更好地打开孩子的心扉，找到孩子不合群的根本原因。比如，家长可以试试这么跟孩子聊：

“你对学校的集体生活有什么想法吗？”

“你是怎么看待不合群这个现象的？”

“在人多的时候，你会感到不自在吗？”

“你认为合群重要吗？”

这种围绕不合群的具体表现展开的聊天，不但可以引导孩子对不合群的现象进行思考，还能帮助家长更好地了解孩子的真实想法，从而以孩子更能接受的方式进行有针对性的引导，帮助孩子更好地融入集体生活。

孩子加入小团体，排挤同学

情景展示

玥玥最近经常在家说起“我们是一个团队的……”，妈妈跟老师沟通后才知道，玥玥跟班里的几个女生组成了姐妹团，她们平常都是同进同出，一起写作业，最近她们开始排挤别的同学。

情绪解读

对于孩子搞小团体，家长平时是很难发现的，大多数的情况是老师发现了问题，再反馈给家长，家长这时才发现孩子已然在某个小团体中了，或是小团体里的“小跟班”，或是小团体里的“孩子王”。事实上，孩子作为一个生活在集体里的个体，搞小团体并不是什么新鲜事，这能让孩子在某种程度上获得归属感和安全感，避免被孤立、遭排挤。但是，如果小团体有了出格的行为，就需要家长介入了。

错误话术

当老师反馈孩子在学校搞小团体时，很多家长首先会认为孩子没有把心思放在学习上，其次会觉得孩子搞小团体是为了欺负其他同学，进而大发雷霆，说出一些于事无益的话语，比如：

"你能耐大了啊，都会搞小团体了！"

"你在学校不好好学习，搞小团体是想干什么呀？"

"这么小，你就知道搞小团体，长大了那还了得！"

"听说你在你们小团体里还是个'孩子王'啊！"

"你这孩子，好的不学，偏要去搞小团体，太不让人省心了。"

正确话术

若没有正确的引导，孩子在学校搞小团体有可能对学习和社交造成不好的影响，但家长不能嘲讽孩子，而应借助合适的话术对孩子进行正确的引导，比如：

"老师跟我说你在学校加入了××团体，这个团体有趣吗？平时你们都会做些什么呢？"

"我听说你在学校的小团体里是个'孩子王'呢！你是带领大家好好学习，还是愉快玩耍啊？"

"听说你在学校加入了某个小团体，社交能力蛮强的嘛！但你不可以仗着小团体的力量去欺负、排挤其他同学哟！"

总之，当孩子在学校拉帮结派时，家长务必选择一些比较平和的话术，主动去了解孩子拉帮结派的深层原因，而后引导孩子在尊重、理解他人的基础上建立健康的人际关系。

孩子喜欢打小报告

情景展示

班主任张老师给琪琪妈妈打电话，说琪琪在学校喜欢打小报告，希望琪琪妈妈跟孩子聊聊。琪琪妈妈特别焦虑，跟琪琪强调了好多遍："不要一个劲儿地告状，老师和同学都不喜欢打小报告的人。"

情绪解读

打小报告是孩子学习规则、维护规则以及表达力强的一种体现。因此，在处理孩子爱打小报告这个问题上，家长要把握好话术，既不能完全禁止、否定，也不可纵容、鼓励，而要具体问题具体分析，要区别对待。

一般来说，孩子爱打小报告的原因有以下几点。

1. 孩子喜欢表现自我，想通过打小报告来获取老师的关注。

2. 孩子过于维护规则，打小报告只是单纯地向老师反映自己看到的信息。

3. 孩子被同学欺负后，向老师打小报告是为了寻求帮助。

4. 想通过贬低他人来换取老师的表扬。

5. 家长总告诉孩子“有事就告诉老师”，因此孩子打小报告只是遵照家长的嘱咐去做而已。

错误话术

面对孩子喜欢打小报告的情况，有些家长生怕孩子因此遭到老师的厌恶和同学的排挤，于是，为了让孩子意识到这个问题，他们可能会选择一些不太合适的话术，比如：

“小小年纪，你怎么就学会告状了呢？”

“那么一点儿小事，你就向老师打小报告呀？”

“只有不好好学习的孩子才会打小报告。”

“打小报告这种没出息的事情，你也做得出来，不嫌丢脸吗？”

“你知不知道打小报告是很招人烦的啊？”

正确话术

当得知孩子爱打小报告这一情况时，家长要先了解孩子打小报告的原因，然后采用合适的话术引导孩子对打小报告的行为进行反思，最好让孩子学会换位思考。比如，家长可以试着用下面这些话术来与孩子沟通：

“这件事除了向老师打小报告之外，你还有其他解决方法吗？”

“这件事如果换成是你做的，你希望其他同学向老师打小报告吗？”

“妈妈觉得这是一件小事，没有必要向老师告状，或许你该宽容一些。”

“关于打小报告这种行为，妈妈是不鼓励的。但是，妈妈认为有些事情是必须告诉老师的，如那些可能会伤害到自己或同学的暴力行为。你觉得呢？”

在处理孩子喜欢打小报告的问题上，家长应当展现出充分的耐心。首先，家长需要认识到，孩子打小报告的行为可能源于他们对规则的重视，或是对正义感的追求。因此，家长不要急于指责孩子，而是应该引导他们学会以更恰当的方式处理问题，教育孩子哪些事情需要告知老师，哪些事情可以自行沟通和协商解决。

在课堂上传小纸条

情景展示

在天宇收拾书包的时候，妈妈发现天宇的书包里有不少小纸条。天宇说："传小纸条是我跟同学的沟通方式。"妈妈很生气，说："你是去学习的，怎么能在上课时传纸条呢？"

情绪解读

孩子在课堂上传小纸条，不但会分散自己和他人的注意力，还会扰乱课堂秩序，干扰课堂教学，这也是老师、家长不允许孩子在课堂上传小纸条的主要原因。很多家长得知孩子在课堂上传小纸条后，就会想当然地斥责孩子，如批评孩子注意力不在课堂上，在学校没有好好学习，扰乱课堂纪律，等等。这样做反而会激起孩子的逆反心理，让孩子对家长的话充耳不闻，依旧我行我素。于是，亲子关系越来越紧张。

那么，为什么孩子会热衷于在课上传小纸条呢？主要原因有如下三点。

1. 孩子对上课内容没兴趣，在课堂上坐不住，传小纸条是为了打发时间。

2. 老师的课堂教学枯燥乏味，对孩子没有吸引力。

3. 孩子忽然发现了有趣的事情，想通过传小纸条的方式与其他同学分享。

错误话术

很多家长听到孩子在课堂上传小纸条时，往往会凭自己的个人经验或主观想象，先入为主地批评孩子，比如：

“老师讲的东西你都学会了吗？没学会，你还敢传小纸条？”

“懂不懂课堂纪律啊？上课的时候能传小纸条吗？”

“你不知道在课上传小纸条会影响课堂秩序吗？你不想学习，其他人还想学呢！你怎么一点儿责任心都没有啊？”

“你这小脑袋瓜不用来认真听课，净想着传小纸条了啊！”

“你在课上传小纸条，是觉得上课很无聊，还是你认为这学没有再上的必要了？”

正确话术

不管孩子为什么在课堂上传小纸条，家长一旦得知孩子有这种行为，就要做好引导，可以借助话术找到孩子在课堂上传小纸条的原因，也可以通过话术晓之以理地告诉孩子不应该在课堂上传小纸条。下面是给家长的一些话术建议：

“你在课堂上传小纸条，会在一定程度上扰乱课堂秩序，影响其他同学专心听课。妈妈认为这是对自己、对他人都不负责任的行为，你觉得呢？”

“课堂是老师讲课、学生学习知识的场所。不管因为什么事情，你都不应该在课上传小纸条。”

“你是遇到急事了吗？你怎么会选择在课上传小纸条呢？这可是违反课堂纪律的，你知道吧？”

总之，面对孩子在课上传小纸条这一情况，家长千万不要想当然地给孩子贴标签，对孩子说出一些不合适的话语。建议大家先倾听孩子的想法，了解事情的前因后果，再逐步引导孩子去思考该不该在课上传小纸条。

期末测试成绩下滑

情景展示

期末测试成绩出来了，平时成绩都是A的杨杨这次考了B。她心里已经很难过了，妈妈还批评了她一顿："成绩下降这么多，你最近是不是都没好好学习？"

情绪解读

其实，任何一个孩子都不愿意成绩下滑，当成绩下滑时，孩子本人才是最难过的。这种时候，家长再说一些伤害孩子自尊的话，无疑是在孩子的伤口上撒盐，会加重对孩子的伤害，甚至可能会导致孩子厌学。因此，当孩子成绩下降时，家长不妨先试着与孩子谈谈心，找出成绩下降的原因后，再采取下一步的行动。

一般来说，孩子成绩下降的原因主要有以下五点。

1. 学习上遇到困难。

2. 学习方法不对。

3. 学习习惯不好。

4. 学习态度有问题。

5. 个人状态不佳。

错误话术

当知道孩子的成绩下降时，相信大多数家长的内心都是十分焦急的，甚至还会有一些恐慌，会担心孩子的学业和前途，一时恨铁不成钢，以致说出伤害孩子自尊或加重孩子心理负担的话，比如：

“你看看你考的这分数，对得起谁啊？”

“你是怎么学的，成绩怎么会下降这么多？”

“平时让你好好学习，你不听，这下好了，成绩下降了吧！”

“成绩下降了这么多，肯定不行啊！该好好加油，好好努力了。”

“都怪你平时没有好好努力学习，所以成绩才会下降这么多！”

正确话术

家长需要注意的是，在与孩子交流的过程中，不要一个劲儿地责备孩子，而要站在孩子的立场去理解孩子。比如可以这样说：

“成绩下降了，最难过的就是你自己了。你有没有反思过为什么成绩会下降呢？”

“你最近成绩下降了呢！是学习方法不对，还是学习内容很难，学习起来很吃力呀？”

“成绩下降了，你心里肯定很难过吧？之后你要调整学习方法吗？”

“妈妈知道你平时学习是很努力的，成绩下降肯定不是因为你不努力。你想跟妈妈聊聊吗？”

实际上，孩子成绩下降，就算家长不提醒，孩子自己也能意识到。这种时候，家长需要做的是对孩子的心情表示理解，并和孩子一起找成绩下降的原因，引导孩子思考并制定好的方法和对策。

孩子今天没有交作业

妈妈："倩倩，老师说你今天没交作业，可以告诉妈妈为什么吗？"

倩倩："妈妈，我昨天忘记这个作业了。"

情绪解读

孩子又没有按时完成作业，在家长群里被老师点名，在这种时候，很多家长都会被气到抓狂，忍不住对孩子进行严厉的批评，想要迅速纠正孩子的行为。可是让家长感到困惑的是：自己的批评每次都很及时，态度也一直特别严厉，为什么取得的效果却微乎其微，孩子过两天又忘记写作业了？

为什么孩子会一次次地忘记写作业呢？原因很简单，在孩子犯错误时，家长总是以批评、指责、呵斥的方式来处理，一心想着及时制止孩子，却没有对孩子进行积极引导，也没有告诉孩子应该怎么改正。这样做的结果就是：尽管孩子知道自己的行为是错误的，这样做会被批评，但是又不知道如何改正，不知道如何做是对的，因此很容易故态复萌，变成家长口中不长记性的孩子。

其实，只要家长在孩子忘记做作业时注意引导，就可以在很大程度上改变这种状况。

错误话术

如果孩子没有完成作业，家长千万不要发怒，否则很可能无法找到出现问题的根本原因。因为家长不冷静下来就无法与孩子进行良好的沟通，也就不能发现原因。比如，孩子是真的事出有因，还是有什么困难，或是孩子无法规范好自己的行为，这些答案都隐藏在孩子的解释中。常见的家长的错误话术如下：

“在家长群里，你又被老师点名了！你也不要千方百计地找理由了，你再这样，妈妈也没办法管你了！”

“跟你说了很多次了，你怎么还是屡教不改？以后我再也不陪你写作业了！该怎么做，你看着办！”

“为什么不写作业？你是学生，就应该完成作业。你的表现很不好！”

正确话术

当孩子没交作业的时候，家长应该态度温和地进行积极、正面的引导。只有态度温和、指向明确的引导，才能帮助孩子改掉不良习惯。家长可以这样跟孩子说：

“今天为什么没写作业呢？愿意跟妈妈说说原因吗？妈妈想听听你的解释。”

“老师布置作业的时候你在班里吗？有没有把作业记下来？”

“妈妈有个建议，你可以在放学前跟同学确认一下作业内容，这样就不会遗漏了。”

总之，当遇到孩子没有完成作业的情况时，家长要给孩子解释的机会，了解孩子没写作业的原因。批评孩子也可以，但要适度，既要让孩子充分认识到错误，又要避免伤害孩子的自尊心。家长沟通的重心要放在积极引导和提出有效建议方面，帮助孩子改正错误才是首要任务。

第四章

写作业时的那些小情绪

“我没有听懂，妈妈能再讲一遍吗”

情景展示

小钦在写作业的时候，遇到了一道不会做的题，于是对妈妈说：“妈妈，这道题我不会，您教教我吧。”妈妈讲解完后，小钦说：“我没有听懂，妈妈能再讲一遍吗？”妈妈耐着性子又讲了一遍，小钦说：“我还是有点儿没听明白。”妈妈生气地说：“我都讲两遍了，你又走神了吧！你到底哪里没听懂？”小钦低着头，不敢直视妈妈，也不敢回答。

情绪解读

小钦写作业遇到难题，请妈妈教他，但是妈妈讲了两遍，小钦还是没听懂，这使得妈妈感到很生气。孩子听不懂，可能是因为妈妈缺乏足够的耐心，没有考虑到孩子目前的思维水平跟不上。

父母和孩子的认知水平、思维水平都存在着一定的差异，所以父母在辅导孩子做作业时容易与孩子发生一些矛盾。面对难题的时候，孩子因为年龄小显得迟钝、困惑，这是正常现象。有些父母虽然心里明白孩子能力有所欠缺，但在辅导孩子写作业的过程中仍然会被孩子的表现“逼疯”，这对孩子的学习很不利。

因此，家长如果发现自己辅导孩子时容易发火，那就要在辅导前做好思想准备，避免带着负面情绪去辅导孩子，这样情绪就不会一点就燃。家长不要对孩子期望过高，要摆正心态，从容地辅导孩子。

错误话术

从小钦最后的表现可以看出小钦对妈妈暴躁的表现已经产生了畏惧的心理。假如妈妈不能及时发现自己语气不当，并且不改变自己的态度和辅导方式，恐怕不仅这道题讲不明白，小钦以后也会畏惧妈妈的辅导，甚至造成亲子关系疏远。常见的错误话术如下：

“你这样不行啊！不是我说你，每次讲题的时候我问你能听懂吗，你都点头，但是一让你自己做题，你就写不出来。你到底是哪个地方不懂？”

“一道题我讲了三遍你才明白，反应这么慢，我对你很失望啊！”

“你在听吗？我说了这么多遍你还是没懂，我太失望了。”

正确话术

当孩子反应慢，没听懂的时候，父母千万别心急，而应放平心态，站在孩子的角度想一想，从孩子的思维水平出发去思考问题，耐心解释问题，争取做到少批评、多鼓励。下面给大家几条话术建议：

“小钦，对不起，妈妈刚才有点儿着急了。我们慢慢来，这道题很难，你不理解是正常的。你想一想，妈妈刚才讲的方法老师讲过吗？”

“妈妈刚才已经讲了两遍，你说说你现在能理解多少，然后我们再往下讲。”

“小钦，每个人的反应速度都不同，有的人反应快，有的人反应慢。妈妈不觉得反应慢是多大的缺点，反应慢一些就比别人多思考一会儿，给自己多一点儿空间，也会学得更扎实。”

“不要跟妈妈说对不起，只要你愿意听、愿意学，我和爸爸都会继续帮助你。只要你耐心去学，我们相信你会越来越优秀的。”

父母的言行举止对孩子有深远的影响。在辅导孩子的过程中，家长通过自身的行为，为孩子树立处理问题和应对压力的榜样。例如，在遇到难题时，家长要保持冷静，积极寻找解决方案，而不是发泄情绪。这样的示范，不仅让孩子学会如何面对学习上的挑战，还培养了孩子不畏困难、积极向上的生活态度。

写作业就是应付差事

妈妈在检查辰辰的语文生字本时，发现辰辰的字写得七扭八歪，连横平竖直都做不到，有的字还会多一撇、少一横……总之，作业本里到处是错误，一看就是随便写写的，让人感觉是在应付差事。

情绪解读

每个孩子都想早点儿写完作业，然后早点儿去玩，这是孩子的天性，但孩子应付作业的行为确实让家长发愁。虽然家长指出孩子缺点的目的是希望让他改正，但结果往往很难如愿。那是因为，人们在潜意识中会增加受到关注的行为。家长越是关注孩子的那些不好的行为，那些行为反而会越来越多。所以，只有肯定孩子，才能更好地达成目的。

家长在跟孩子闲聊的时候，也可以和孩子探讨一下“为什么要学习，学得好对自己有什么好处”这个话题。比如，学习好，以后就业的路会更宽广，或是能够帮助其他人……每个人都有不同的想法，也许某个点恰好就能戳中孩子的内心。因为年纪关系，孩子对这个问题还没有自己的认识，当他知道了学习的好处时，那他学习的态度可能就会更积极，跟之前敷衍地学习会大大不同，他也不再需要家长的督促。

错误话术

家长越是否定孩子，孩子就越会朝着不好的方向发展。所以，当孩子敷衍地写作业的时候，家长千万不要像下面这样跟孩子沟通：

“无论说多少遍，字还是写得这么难看，也不知道像谁……”

“字写得这样丑，你长大以后会一直丢人的。”

“你就不能写认真一点儿吗？”

“字写得这么乱！写认真些！”

“我都说过多少遍了，你这不认真的毛病咋就是不改？都不记得这是第几次说你了。”

“是不是已经跟你说过无数遍，让你一笔一画地写！”

“我是不是告诉过你，写得太乱容易出错！”

“你这样可不行，错误这么多……”

正确话术

孩子写作业毛毛躁躁，也可能是因为他所处的环境让他没办法安心学习。所以，父母要给孩子提供一个安静的学习环境。此外，父母要多说一些鼓励的话，比如：

“完成作业了啊？今天主动写作业，必须点个赞。”

“你如果能静下心来，把字写得再认真些，就完美了。”

“你要是能再认真点儿写，会更容易被老师表扬的。”

“让速度慢下来，再仔细一点儿，好不好？”

“明明能全部做对的，太可惜了。你觉得怎样才能避免这样的错误呢？”

家长过分关注孩子的错误行为，可能会无意中强化这些行为。家长可以尝试转移焦点，通过积极的引导和适当的激励帮助孩子养成正确的学习态度和习惯。在孩子取得进步时，家长要及时给予肯定，哪怕进步很小，也要让孩子感受到自己的变化是被看见和认可的。通过这样的正向反馈，孩子会更有动力去改进自己的行为。

孩子要听着音乐写作业

情景展示

妈妈走进房间，发现家明居然听着音乐写作业，妈妈生气地说：“不可以这么写作业，这样是不能专注的。”家明正好有道题不会解，便烦躁地说：“天天干涉我，听个音乐也要管。”妈妈严厉地说：“我是你妈，你必须听我的。”

情绪解读

很多妈妈都有这样的困惑：孩子最近也不知道怎么了，好像变了一个人一样，一天到晚和大人作对，孩子在小时候明明很听话啊！面对刺头一样的孩子，很多家长不是大呼小叫地呵斥孩子，就是开启严加管束模式，这样做的结果往往越来越糟糕。

当孩子有了不合常理的行为时，要么家里每天都争吵不断，亲子关系越来越紧张；要么孩子彻底躲进自己的世界，不管大人说什么都充耳不闻，完全不跟父母交流。

其实，孩子就像充满气的皮球，家长越是用力地“拍打”，他就会“反弹”得越厉害。因此，家长一定不要压制孩子，而应该耐心地疏导。家长要控制好自己的情绪，不要一看到孩子行为不当就怒不可遏，而要用理解、尊重的态度来对待孩子。这样才能跟孩子进行有效沟通，从而使亲子关系保持融洽。

错误话术

孩子行为不当时，家长如果选择针尖对麦芒般地“硬碰硬”，会使孩子觉得父母站在自己的对立面，进而让孩子变得更加情绪化。父母常见的错误话术如下：

“我跟你讲过多少遍了，不能跟大人顶嘴。可是你今天又跟妈妈顶嘴了，你就学不会尊重长辈吗？”

“你和我犟嘴也没用，你看这事最后是你说了算，还是我说了算！”

正确话术

就算是年龄小的孩子，也有自己的想法和主张，不喜欢被大人支配一言一行，更何况是那些大孩子呢？人与人之间离不开互相尊重，对于孩子来说也同样如此。家长用商量的态度来对待孩子，孩子的逆反情绪便会消失。下面给大家列几条正确话术：

“妈妈见你听着音乐写作业，可能你有自己的原因，愿意说说吗？”

“你有自己的想法这很好，你可以跟爸爸妈妈沟通，老师都说不论身份论真理，但是请你注意态度和语气。”

“这个假期你打算怎么安排呢？你有自己的想法吗？和爸爸妈妈沟通沟通吧！”

“别着急，心平气和地和妈妈说说你的想法，妈妈理解你的心情。”

不合理行为是孩子的逆反情绪的具体表现，而孩子的逆反情绪通常是由家长失控的情绪诱导出来的。假如家长能够以身作则，面对孩子能做到平心静气，那么孩子便少了产生逆反情绪的家庭因素，逆反行为自然也会减少。

“哎呀，作业太多了”

情景展示

小哲放学回到家后坐在书桌前叹气，妈妈看到后问道：“怎么啦？有什么不开心的事情吗？”小哲说：“哎呀，今天作业太多了！”妈妈说：“每天都是这句话，不上进！”

情绪解读

孩子总是抱怨作业太多写不完，甚至不想写作业，这令很多家长十分苦恼。当遇到这种情形时，有些家长会以高高在上的姿态，用一些不合适的话术对孩子进行各种指责和说教，这对孩子的专注力、学习效率都会产生负面影响。

那么，孩子为什么会抱怨作业太多呢？常见的原因有以下几种。

1. 孩子不愿意长时间坐着写作业，抱怨是希望家长调整一下学习计划。

2. 题目难度大，孩子有畏难心理。

3. 孩子心不在焉，不想做作业。

4. 孩子学习效率低。

5. 作业量确实过多了。

错误话术

当孩子抱怨作业多的时候，家长如果采用指责、说教的话术来应对，不仅会在无形中破坏亲子之间的信任感，还会让孩子带着不愉快的情绪写作业。常见的错误话术如下：

"作业多吗？我看你就是不想写作业。"

"你有这抱怨的工夫，还不如好好写作业。你赶快写，不写完不准睡觉！"

"作业多也是为你好，少废话，你赶紧写。"

"就你作业多，别人就不多吗？"

"多什么多？我看是你废话多，赶快写！"

正确话术

遇到孩子抱怨作业太多的情况时，家长千万不要一味地指责孩子，这样做既不利于帮助孩子认识自身的缺陷和不足，也不利于提高孩子的学习效率和学习兴趣。家长要学会用积极的心态和语言来引导孩子，帮助孩子克服这个难题。下面是给家长的一些话术建议：

“我也觉得今天的作业稍微有点儿多，但如果做好时间安排，还是能很快写完的。你制订写作业的计划了吗？”

“怎么啦？你是遇到什么问题了吗？”

“你说的作业多指的是所有作业吧！虽然每科作业不多，但加起来还是不少的。咱们一科一科地做，相信很快就可以搞定啦！”

“你是不是不想在书桌前坐那么长时间啊？你可以做完一科休息一会儿嘛！”

当孩子以抱怨的心态向家长倾诉作业多时，家长要回以积极、乐观的态度，而且言语间要对孩子的心理感受表示理解和认同，如此才能更好地帮助孩子调整心态，让孩子更积极、高效地完成各科作业。

“妈妈，这道题我不会”

情景展示

妈妈刚走到厨房门口，小雨又在喊：“妈妈！”妈妈问：“怎么啦？”小雨说：“妈妈，这道题我还是不会。”妈妈很无奈地说：“四道题，我已经给你讲了三道，为什么这道也不会？”

情绪解读

有些孩子一遇到难题就喜欢求助于家长，全部作业做下来，孩子能求助数十次。这令家长感觉很头疼，有时甚至会气急败坏，说话时也会带有一定的消极情绪。家长的这种消极情绪不仅会激发孩子的对抗心理，还会打击孩子寻求帮助的积极性，增加孩子的挫败感。

那么，为什么孩子总是一遇到难题就求助于家长呢？主要原因有以下三点。

1. 孩子极其依赖家长，遇到难题首先想到的就是找家长。
2. 孩子缺乏独立解决问题的能力，没有主见。
3. 孩子懒得动脑，缺乏独立思考的能力。

错误话术

在孩子说了很多次“这道题我不会”之后，家长很容易对孩子说一些不太合适的话，比如：

“你别一遇到难题就找大人帮助呀！”

“你就不会自己动脑子思考一下吗？”

“喊什么？你行不行啊？要是我不在家，你这作业是不是就不做了？”

“别动不动就喊妈，那是你自己的作业，遇到难题也应该自己去解决，喊妈不管用！”

“平常咋不见你喊妈喊得这么勤？这会儿知道喊妈了？”

正确话术

当孩子一遇到难题就求助于家长时，家长与其气急败坏地训斥孩子，不如保持平和的心态，借助恰当的话术引导孩子解决难题。下面是给家长的一些话术建议：

“哪个知识点把你难住了呀？你都用了哪些解决方法呢？”

“这道题确实有点儿难度，你先别着急，调整好状态，一步一步来。”

“这道题没做出来，你心里一定很不开心吧？你可不可以换一种思路呢？”

“你想要我帮你什么呢？帮你梳理一下这个知识点，可以吗？”

家长要学会巧借孩子求助的机会，运用话术引导孩子积极应对难题，帮助孩子掌握解决难题的思路和方法，以培养并提升孩子独立思考和解决问题的能力。

孩子不愿意预习

青青一边噘着嘴，皱着眉头，一边翻着语文书，说道：“我最不喜欢预习了，浪费时间，玩会儿乐高多好。”妈妈看着青青，也有些烦躁，便不耐烦地说：“让你预习是为了提高你的听课效率，都是为你好。”

情绪解读

先复习，再写作业，最后预习，这是家长辅导孩子写作业的常规步骤。预习可以保证孩子的听课质量，提高孩子的学习兴趣，让孩子养成自主学习、主动思考的习惯。但是，产生这些效果需要一个前提，那就是孩子对预习抱有主动、积极的态度。如果孩子不愿意预习，家长又强行要求孩子坐下来预习，那么预习所能带来的好处必然是要大打折扣的。

其实，孩子不愿意预习是有原因的，常见的原因有以下三点。

1. 孩子认为预习没有必要——反正老师上课时会讲，何必花时间去预习？

2. 完成当天作业之后，孩子很疲惫，没有精力去预习。

3. 孩子本身的学习兴趣就不高，从心底排斥预习。

错误话术

家长知道预习有很多好处，但是有些孩子很排斥预习，他们不愿意花时间去预习，于是亲子间就产生了冲突，有些家长难免会对孩子说一些不恰当的话，比如：

“让你预习是为了提高你的听课效率，都是为你好。”

“课前不预习，课上听不懂。你不想预习也得预习，这事没商量。”

“让你预习又不是在害你，还不都是为了培养你的自主学习能力吗？”

“我逼你预习，虽然你现在不高兴，但以后你肯定会感谢我的。”

正确话术

明智的家长会根据孩子的状态来找孩子不愿意预习的原因，再根据不同的原因采取不同的话术，引导孩子对预习保持积极、主动的态度。下面是给家长的一些话术建议：

“我看你对预习的积极性不高呀！是觉得自己即使不预习，也能听懂老师上课讲的内容吗？”

“跟妈妈说说，你觉得预习没有必要吗？理由是什么？”

“让你预习是为了帮助你提高听课效率，但我看你现在已经很疲惫了，咱们今天就先不预习了，免得你明天没有精力好好听课，反而降低了听课效率。但是预习是个很好的学习习惯，以后还是要坚持的！”

“你知道吗？认真预习会提高学习兴趣哦！你要不要试一试，先预习一两科呢？”

家长要求孩子预习，终归还是希望预习能给孩子的学习带来一些好处。因此，家长要学会站在孩子的角度去倾听孩子的心声，找到孩子不愿意预习的根本原因，再有针对性地进行话术引导，争取让孩子养成预习的好习惯。

“妈妈，我能玩一会儿再写作业吗”

情景展示

周六吃完早饭，妈妈让沛沛写作业，沛沛却对妈妈说：“妈妈，我能玩一会儿再写作业吗？”妈妈一听沛沛这样说，心里直冒火，因为沛沛每次都这样，总要先拖一会儿才写作业。妈妈怒斥道：“不行！你怎么每次都这样，这么不听话！快点儿去写作业！”

情绪解读

像沛沛一样，很多孩子都喜欢使用“拖”字诀，家长让他写作业，他却要求先玩一会儿，这时大部分家长便没有耐心了，开始对孩子进行严厉管教，也就是最为常见的强迫式教育。家长不知道的是，这种严厉管教对孩子的伤害非常大，因为这种教育方式属于被动型教育，对孩子的身心健康非常不利。

严厉管教会更容易让孩子产生逆反情绪。由于孩子的成长和发展都有特定的轨迹，家长的严厉管教会让孩子偏离既定的轨迹，按照大人的意愿来调整和修正自己的行为，长此以往，不仅会违背孩子的天性，还会激起孩子的逆反心理。尤其是那些处于青春期的孩子，这种逆反心理会特别强，会使亲子关系变得十分紧张。

那么，怎样对孩子施展有效的管教呢？心理学家建议，可以用有吸引力的提议来代替严厉管教。比如，想让孩子认真完成作业，家长可以借助吸引孩子的语言和让孩子感兴趣的事情进行引导，让孩子从被动去做变成主动想做。这样，孩子的内驱力被激发出来，孩子就会以更轻松、更愉悦的心情去完成作业，完成度也会更高。

错误话术

对孩子来说，家长的态度和口吻要比事情本身更加重要。有时孩子的逆反情绪和抗拒态度跟事情本身没什么关系，而可能是家长强硬的态度和强迫的口吻导致的。所以，家长想让孩子做一些事情时，不要使用命令、强迫的口吻。比如：

“你不想写作业就别写了，干脆连学校也别去了。”

“你现在快点儿去写作业，不要在这里玩了，不听话我就揍你了！”

“让你去写作业，你就快点儿去！每天那么多废话！”

正确话术

孩子感兴趣的事情简直太多了，有些也很简单，家长在要求孩子完成一些他们可能不太愿意立刻去做的事情时，比如写作业，不妨给孩子一点甜头，这能很好地激励孩子更愉快、更高效地去做这件事。家长可以试试这样跟孩子说：

“我们一起制订一个学习计划，怎么样？你如果能按时写完作业，就可以去做自己喜欢的事情，比如画画、踢球或者做手工。”

“今天你要是能完成写作业和练琴任务，明天咱们就去郊游，怎么样？”

“你可以自己决定什么时间写作业，但要是早点儿写完的话，我们下午能去游泳。”

严厉管教是从外部对孩子施压，强迫孩子去执行家长的要求，而提议引导是激发孩子的内驱力，孩子得到了尊重，就会做得更好。

第五章

帮孩子化解与人交往的小矛盾

“好心烦，朋友说我的坏话”

情景展示

兮兮今天非常烦恼，很想找人听她说说遭遇的不平事。她进门后把书包一扔，就跟妈妈诉苦道：“妈妈，彤彤今天找我借橡皮，我没借，她就说我的坏话！”

情绪解读

我们都知道，在心烦的时候找个朋友倾诉一番，坏心情就会烟消云散。因此，就算是小孩子，有了不愉快的经历，也希望能找人倾诉，把自己的不满宣泄出来。有朋友说自己的坏话，孩子自然要找父母倾诉，希望得到父母的理解。

作为父母，请你想想：你是否认真倾听过孩子的心声？如果倾听过，当时是什么样的心态呢？听过之后又给出什么反应呢？

有些父母觉得，孩子的烦心事无非是一些鸡毛蒜皮的小事，比如：被老师批评了，铅笔被同桌折断了，学校的午饭有最讨厌的洋葱……孩子的烦心事几乎大同小异，而自己有很多的正事要忙，实在是没心情也没时间去哄孩子。

有些父母则是在被孩子缠得没办法时敷衍一下。比如，孩子全神贯注地和妈妈说话，妈妈却只顾看手机，连头也不抬。其实，就算孩子年纪不大，他也能感受到父母的不尊重。

有些父母则经常会下意识地否定、轻视、责怪孩子。父母这样做会让孩子产生情绪上的对抗，陷入困惑和愤怒之中，直接影响思考问题的积极性。

有些父母在听完孩子的倾诉后，就劈头盖脸地训斥，或者长篇大论地说教，以致孩子隐藏起自己真实的情感。如果孩子把心封闭起来，家长就很难再与之有真正的交流了。

错误话术

常听到有些父母抱怨不知道孩子在想什么，他们并没有意识到，那条横亘在自己跟孩子之间的沟壑，其实是自己亲手挖的。倾诉的目的是渴求理解，当孩子对你诉说烦恼时，不管他的烦恼在你眼里是多么不值一提，都请你暂停正在忙的事情，认真地倾听，并尝试跟孩子共情，给予他回应。切忌不耐烦、不尊重，比如：

“有什么事？你赶紧说，我听着呢。”（一边说，一边忙手边的事。）

“行了，剩下的事晚点儿再说吧，我得去做饭了。”

“一整天都在摆臭脸，谁惹你了？”

“这么点儿小事，有必要大惊小怪吗？快去把作业完成！”

正确话术

如果孩子有烦恼想跟你分享，你一定要停下手里的活儿，看着孩子，把注意力放在他身上，用肢体语言传递出真诚的态度，让孩子知道你在认真地听他说。你可以蹲下来，或者和孩子坐在一起，或者把孩子抱在腿上，总之，尽量保持平视孩子。然后，使用正确的话术来沟通，比如：

“今天有什么烦恼的事情？跟妈妈讲一讲吧。”（一边说，一边拉孩子坐到沙发上。）

“后来呢？她还说了什么？”

“接着发生了什么？你是怎么处理的？”

“妈妈觉得你今天很不开心，是发生了什么吗？”

在孩子叙述的过程中，家长只要认真地倾听并给予简单的回应就可以了。这不仅意味着你在听孩子讲，还代表着你对孩子的理解。假如父母能做到耐心地倾听，就会惊奇地发现，其实自己根本不需要给孩子提供什么建议，也没必要讲大道理，孩子自己就知道怎么去解决问题，也能很快地从坏情绪中走出来。

“我不想跟朋友分享”

小胖到宁宁家玩，看到了宁宁新买的玩具，便拿过来想玩一会儿。宁宁见状，一把抢了过去，说：“这是我的新玩具，你不许玩！”宁宁妈妈见状，对宁宁说：“你怎么这么小气？”

情绪解读

当孩子不愿与他人分享时，有些家长就会给孩子贴上一些负面的标签，比如“自私”“小气”等。这些标签不仅会伤害孩子的自尊心，还会让孩子不愿分享的心理变得更严重，让孩子越来越情绪化。那么，孩子为什么不愿意跟朋友分享呢？一般来说，有以下四点原因。

1. 孩子认为分享等同于失去，他只看到了分享中的失去，没有感受到分享带来的快乐。

2. 孩子常以自我为中心，不愿意跟朋友分享。

3. 对孩子来说，要分享的东西过于珍贵，孩子舍不得。

4. 孩子担心有些东西分享之后，被别人超越，如学习方法、学习资料等。

错误话术

分享是孩子跟同龄人建立良好关系的重要途径，是孩子保持人际关系和谐的重要保障。正因为如此，家长才会在孩子不愿意跟别人分享的时候表现得十分生气和担忧，有些家长甚至会用些不恰当的话来给孩子贴各种负面标签，比如：

“你这么自私，肯定没有人愿意和你玩。”

“我看你并不是不愿意与他人分享，而是没有朋友可以分享吧！”

“你这么自私，难怪会没有朋友。”

“你这么小气，以后谁还会愿意把自己的东西分享给你？”

“你再这么自私，妈妈就不爱你了。”

正确话术

对孩子来说，学会分享非常重要，它不仅能帮助孩子收获友谊，还对孩子的学习和成长大有裨益。因此，面对不愿分享的孩子，家长切忌给孩子贴上负面标签，而要多给孩子一些引导和鼓励，以帮助孩子学会分享，并让孩子通过分享收获友谊，让他们更好地学习和成长。所以，当孩子不想分享时，家长可以按以下话术来引导：

“从表面上看，我们把好吃的拿来跟朋友分享，的确是失去了一些好吃的，但是，我们也可能会因此收获朋友、收获快乐啊！”

“你不愿意跟其他同学分享你的学习心得与方法，是因为害怕他们超过你吗？可以和我说说原因吗？”

“每个人都喜欢吃美食，如果你有好吃的，和大家一起吃，那样大家都会开心，你觉得那样不好吗？”

“你认为这是一本十分有趣的故事书，那你的朋友也一定对这本书感兴趣，你就不想和你的朋友一起再读一遍吗？”

总之，当发现孩子不愿意跟他人分享时，家长要试着找到孩子不愿分享的原因，然后要多给孩子一些引导和鼓励。只有让孩子从分享中感受到幸福和乐趣，孩子才会更愿意主动跟别人分享，进而更好地融入群体。

孩子和朋友发生了矛盾

情景展示

浩浩跟坤坤是好朋友，每天放学都一起回家。这天，浩浩跟班长商量晚会的事情，聊完就一起回家了。坤坤等了浩浩很久，最后发现浩浩已经走了，感到很生气，决定不再理浩浩了。第二天，浩浩跟坤坤解释了很久，坤坤都没有理睬他，浩浩也开始不理坤坤了。

情绪解读

随着年龄的增长，孩子的社交圈子不断扩大，他们遇到的人和事也越来越多，和他人产生矛盾的可能性也随之增加。怎样处理和他人的矛盾冲突，是对孩子的一项重要考验。

朋友之间出现矛盾是很正常的事情。有一些小矛盾只会让孩子暂时不愉快，过一段时间孩子就忘记了，但是有一些矛盾则可能给孩子带来很大的伤害。这时，家长一定要先帮助孩子冷静下来，因为就算现在伤心难过也于事无补，还不如去做一些其他的事情宣泄、放松一下。父母可以陪伴孩子进行一些他喜欢的活动，让孩子暂时把这件事情抛在脑后。等孩子能坦然面对这件事后，家长就可以让孩子冷静思考问题产生的原因，并寻找解决的办法。因为如果能够把事情的来龙去脉搞清楚，矛盾会更容易化解。

错误话术

首先，要提醒家长的是，孩子情绪激动的时候会不够理智，也会表达得不够清楚，所以家长不要急于让孩子解释，应给他一些时间平复心情。其次，不要做出偏袒或者苛待孩子的事情，要给出客观的评判。最后，尽量用委婉的方式沟通，以免方式过于生硬，伤到孩子的自尊。常见的错误话术如下：

“这是怎么了？快跟妈妈说说，我帮你分析一下对错。”……“原来是这么回事啊！你又没有做错，没什么大不了的。班上四十多个同学，跟其他人做好朋友吧，不要理他了。”

“他不理你了，你也不要理他了！”

“我觉得错在你，去给坤坤道歉。你是解释了好几遍，可你确实让坤坤等了很久。”

正确话术

当孩子跟朋友出现矛盾时，父母没必要惊讶，应该冷静、平和地指导孩子化解矛盾，父母的态度也会成为孩子的榜样。父母一定要先将事情搞清楚，再做出客观的判断。在跟孩子沟通的过程中，父母可以让孩子学着换位思考，从而更快地走出坏情绪。话术建议如下：

“浩浩，你先冷静一下。”（停顿了一会儿。）“愿意跟妈妈说说你和坤坤怎么了吗？他不是你最好的朋友吗？你们为什么互相不理睬了呢？是不是有什么误会啊？”

“哦，妈妈知道了。你不是故意不跟坤坤一起走的，他太难过了，听不进你的解释，所以你也生气了。可能你们当时都不够冷静，要不明天你再和坤坤解释一下吧！”

“你觉得到底是谁有错呢？妈妈觉得坤坤难过是正常反应，毕竟是因为你没有提前打招呼，才导致他等你那么久的，所以他生气也是能理解的。”

“那咱们假设一下，如果你是坤坤，本来每天都和某个好朋友一起回家，结果有一天你等了很久，最后发现他招呼都不打就和别人一起回家了，你会怎么想？所以，坤坤生气是正常的。你再去跟他道个歉，他跟你关系这么好，一定会原谅你的。”

在遇到矛盾的时候，成人有一套自己的处理方式，但是孩子之间的矛盾最好还是让孩子自己出面解决。家长切忌在没有得到孩子同意的情况下联系对方的父母，否则很可能会引发更大的矛盾，让一件小事变成大事。假如需要老师的帮助，家长也应该私下和老师联系，听听老师的分析和建议，以便帮助孩子。当然，如果孩子能够主动寻求老师的帮助，那就更好了，说明孩子敢于担当、重情重义。

孩子和朋友打架了

情景展示

在小区的游乐园里，7岁的晨晨打了鹏鹏，晨晨妈妈赶紧过来阻止晨晨，并对着鹏鹏妈妈和鹏鹏连声道歉。然后，她转身对站在一旁的儿子吼道："我跟你说过不要打架没？你怎么又打架了？"晨晨翻了个白眼，不屑地说："不用您管，我又没错，您干吗给他道歉？"

情绪解读

晨晨总是打架，还喜欢顶撞父母，这说明他可能进入了叛逆期。

孩子在成长的过程中会经历三个叛逆期：第一个叛逆期出现在2～3岁，第二个叛逆期出现在7～9岁，第三个叛逆期出现在12～18岁。叛逆期的到来意味着孩子的身心发展进入了一个新阶段，孩子会有一些自己的想法，表现为固执、易怒、焦躁不安，家长与其沟通也会很困难。

父母都想在孩子面前有威信，觉得孩子不听话就是不尊重自己。特别是父母辛苦工作了一天，回到家，孩子还跟自己唱反调：父母说该吃饭了，孩子偏说不饿；父母说该睡觉了，孩子偏不睡；父母说不能玩游戏，孩子偏玩……随时能让父母发火，甚至失去理智，对孩子采取过激的行为。

尽管每个孩子都会经历叛逆期，但每个孩子的叛逆程度并不一样。有的孩子能顺利度过叛逆期，而有的孩子却不愿意和父母多说一句话。这其中，父母的态度很关键。也就是说，孩子进入叛逆期后，父母的一些言行会激化孩子的叛逆情绪，比如，以家长的姿态命令孩子、责骂孩子，甚至体罚孩子。父母和孩子之间不存在输赢之分，因为父母压制孩子是有代价的——孩子的心会离父母越来越远。

错误话术

很多父母的说话方式都是正话反说，他们不知道自己要求孩子不要打架、不要看电视、不要扔玩具时，孩子脑子里出现的却是打架、看电视、扔玩具。这并不是孩子在挑战父母的权威，而是人类大脑的处理方式就是如此。大脑很容易忽视“不”字，而且孩子的逻辑思维远没有大人的成熟，所以当父母说不要做什么时，孩子关注到的往往是去掉“不”字之后的内容。所以诸如下面的话，父母切忌说。

“不许再打架了，再打架就罚你！”

“吃饭时，不要敲盘子！”

“吃饭了，都叫你三遍了，没长耳朵吗？”

正确话术

在沟通的过程中，父母要尽可能地以理服人，避免用命令的口吻说话，否则只会让孩子更加叛逆。父母只有先给予孩子尊重，才能从孩子那里获得尊重。然后，父母才有机会跟孩子坐在一起心平气和地交流。话术建议如下：

“你能跟妈妈说说，你为什么打鹏鹏吗？”

“敲盘子特别吵，而且非常没礼貌。你可以用筷子来对付盘子里的鸡腿和青菜，看它们是不是乖乖听话。”

“你如果现在不吃饭，那只能等到晚上才有饭吃。这期间你可以喝水，但不能吃任何零食。”

被孩子顶撞的滋味确实不好受，但聪明的父母会想办法化解孩子的叛逆心理，而不是激化孩子的叛逆心理。如果父母想对孩子说“不”，那也不需要发脾气或者重复说，只需要保持耐心地引导就可以。如果孩子不想说话，家长不妨给孩子时间和空间，等他愿意沟通的时候再聊。

“妈妈，我为什么不能跟他玩”

情景展示

骏骏和赞赞住在同一个小区。由于骏骏平时总是欺负别的小朋友，所以赞赞的爸爸妈妈不让赞赞和骏骏玩。这天，赞赞妈妈下班回来，走到单元楼门前，看到赞赞正在跟骏骏一起玩，便把赞赞喊了过来，对他说：“记住，以后不要跟骏骏一起玩了。”

情绪解读

在孩子交友这个问题上，很多家长总是会用自己的社交观念来要求孩子，一旦孩子违背，他们就会粗暴地呵斥孩子，强迫孩子按照自己的社交观念做出改变。然而，很多时候，家长越是呵斥，越是想让孩子做出改变，孩子就越不听，亲子关系也会因此变得越发紧张。

其实，在跟谁玩这个问题上，孩子是有自己的想法的，父母不妨花点儿时间听听孩子的想法，找找孩子和“坏”孩子玩在一起的原因。一般来说，孩子跟“坏”孩子玩在一起的原因主要有以下四点。

1. “坏”孩子身上有吸引孩子的闪光点。

2. 孩子缺少朋友，只有“坏”孩子愿意跟孩子玩。

3. “坏”孩子可以给孩子带来安全感。

4. “坏”孩子与孩子有着相同的兴趣、性格等。

错误话术

有些家长希望孩子能和优秀的孩子在一起玩，目的是希望孩子能有个学习的榜样，从而变得更优秀。所以，当孩子与家长眼中的“坏”孩子玩在一起时，家长常常会因为害怕孩子被带“坏”而使用一些不恰当的话术来阻止孩子的社交，比如：

“跟你讲过多少遍了，不要和‘坏’孩子玩，会学‘坏’的，你不长记性吗？以后不许再和他一起玩了！”

“以后不许你和成绩不好的孩子玩，听见了吗？”

“你和那些‘坏’孩子一起玩，除了沾染一堆坏毛病之外，还能学到什么？”

正确话术

在没弄清孩子为什么会和“坏”孩子玩在一起之前，家长最好不要大张旗鼓地给孩子讲“近朱者赤，近墨者黑”的道理，更不要抱着“我让你不要跟××玩，都是为你好”的态度去强制中断孩子的社交。家长可以试着和孩子做朋友，平等地和孩子探讨什么是“坏”孩子，该不该与“坏”孩子交朋友以及为什么不要和“坏”孩子交朋友，积极引导孩子主动思考。下面是给家长的一些话术建议：

“来来来，咱们探讨一下，什么样的朋友是坏朋友。”

“妈妈认为交朋友在你这个年龄阶段非常重要，尤其是选择跟什么样的人成为朋友，你觉得该不该与‘坏’孩子交朋友呢？”

“你能告诉妈妈你为什么会和他成为朋友吗？他有哪些地方值得你学习？”

“妈妈觉得你的好朋友脾气有些暴躁，遇事不太冷静，常常会选择用暴力解决问题。因为这一点，妈妈不希望你继续和他玩。当然，交朋友是你的自由，这只是妈妈给你的一个建议，决定权还在你自己手里。”

在交朋友这个问题上，孩子不像家长那么理智，家长更多的是站在“这个朋友会给孩子带来什么好处”的角度，从成绩、家庭背景、价值观、为人处世、他人评价等各方面来评判这个朋友是否值得孩子去交。但孩子可能就是因为两人有相同的兴趣爱好、共同的话题、合得来的性格就成了朋友。换句话说，孩子和什么人成为朋友，其实是有自己的想法和判断的。家长需要做的就是在鼓励孩子自由社交的同时，告诉孩子什么事可以做，什么事不能做，引导孩子健康社交。

第六章

处理日常生活中的小摩擦

孩子不愿意整理房间

情景展示

妈妈走进小泽的房间，皱着眉头对小泽说："这么乱！你真是个'邋遢大王'！"小泽毫不在意地说："乱点儿又能怎么样？阳阳的房间比我的还乱呢！"

情绪解读

刚收拾好的房间，孩子没一会儿工夫就给弄得乱七八糟，书本、玩具到处都是；吃完饭的餐桌上杯盘凌乱，食物碎屑掉落在地上，又被孩子带到屋里；走进孩子的房间，里面简直乱到无法下脚；刚换上的干净衣服，出去玩了一圈回来衣服就脏了……孩子的各种邋遢行为经常让家长无比抓狂，可孩子却偏偏屡教不改。怎样让孩子摆脱"邋遢大王"的称号，成了让家长们十分头疼的难题。

从表面上看，邋遢是一种不良的生活习惯；从深层次来说，邋遢是孩子缺乏自律的表现。孩子之所以会出现邋遢行为，主要是因为孩子自控能力弱，不能很好地对自己进行约束和管控。这种坏习惯养成之后往往不容易改变，并会对孩子未来的生活产生不良影响。因此，家长一定要注意引导孩子，让孩子从小学会打理自己和自己的生活。

想要改变孩子的不良生活习惯，直接批评教育通常无法奏效，这时如果家长能够掌握一些说话技巧，比如反着说话、用引导代替否定、用鼓励代替批评……则往往能够获得明显的效果。家长切忌给孩子贴负面标签，只有善于用逆向思维进行沟通，发现孩子身上的闪光点，并且做到鼓励孩子、肯定孩子、赞扬孩子，才能让孩子成功告别邋遢。

错误话术

如果家长经常否定孩子，那孩子就会否定自己；如果家长对孩子失望，那孩子就会对自己失望。这样的话，孩子怎么能有动力去改正坏习惯呢？他们只会在不良习惯的泥沼中越陷越深。常见的错误话术如下：

“你这孩子简直是‘脏乱差’的代表！真是屡教不改！”

“你怎么这么邋遢？我看你是不可能改了！去邋遢王国竞选大王吧！”

“跟你说了多少遍，脏衣服要放进脏衣篓。可你还是到处乱扔！一点儿规矩都没有！”

正确话术

其实，要想让孩子改掉邋遢的习惯，家长可以换一种表达方式。比如，反话正说，能减轻孩子的逆反心理，让孩子找到努力的方向；而用正能量的话语进行引导，能帮助孩子重新认识自我，进行自我评价，能让孩子看到前方的希望。

“你最近都能够做到保持衣服整洁，很优秀，如果也能把书包收拾好，就更优秀了！”

“前天你自己收拾书桌，今天又自己整理衣服，我看你越来越接近‘文明标兵’啦！”

“你进步很大，如果能自己整理房间，可真就是个优秀的少先队员了。”

“路要一步一步地走，不好的习惯也要慢慢改正，你这几天进步已经非常大了，很快就能彻底摆脱邋遢了。”

罗马不可能一天建成，孩子的不良习惯也不可能在短时间内彻底改正。所以，家长要有足够的耐心，并有打持久战的心理准备，对孩子采取多肯定、多鼓励、及时赞美的策略，以帮助孩子顺利摆脱不良习惯。

孩子挑食、偏食，不好好吃饭

情景展示

硕硕又在饭桌上撒娇："妈妈，我就吃这一盘可乐鸡翅就好了，菜你们吃吧，前天我刚吃了一次西兰花。"妈妈对硕硕说："挑食、偏食很不好，不好好吃饭会生病的！"

情绪解读

在饮食方面，有些孩子只吃自己喜欢的一种或几种食物，其他食物一概不吃，这会严重影响孩子身体的健康发育。这是孩子挑食、偏食时父母会生气、担忧的主要原因。

其实，大多数孩子挑食、偏食都是有原因的。家长应结合孩子挑食、偏食的原因，用合适的话术引导孩子好好吃饭。在通常情况下，孩子挑食、偏食的原因主要有以下四点。

1. 家长带头挑食、偏食。
2. 孩子总吃零食，对吃饭兴趣不大。
3. 食物比较单一，孩子没有食欲。

4. 家长溺爱、娇惯孩子，孩子不喜欢吃的食物就不再上餐桌。

错误话术

大抵是因为“爱之深，责之切”吧，在孩子挑食、偏食时，有些家长常常对孩子说一些不太合适的话。诚然，家长对孩子说不太合适的话，无非是想让孩子好好吃饭，从而能够摄入更全面的营养。虽然出发点是好的，但话术并不合适。比如：

“不多吃蔬菜是长不高的！”

“不好好吃饭的孩子不是好孩子！”

“我看你是没被饿过，才会这么挑食、偏食！”

“爱吃就吃，不吃就饿着！”

“这道菜虽然不好吃，但是它营养价值高，你必须吃！”

正确话术

家长要结合实际情况，找到孩子挑食、偏食的主要原因，再具体情况具体分析，如此才能找到合适的话术引导孩子。针对不同的原因，家长可以选用不同的话术，下面是给家长的一些话术建议。

“今天的晚餐，咱们来比一比看谁吃的蔬菜最多，好吗？”

“你最近吃的零食太多了，都没有肚子来品尝妈妈精心准备的饭菜了！所以，妈妈决定暂时取消对你的零食供应，让你留着肚子好好吃饭！”

“你最近有没有想吃的菜呀？是豆角、白菜，还是蘑菇、土豆？是西红柿鸡蛋汤，还是排骨海带汤啊？”

“苦瓜确实有点儿苦，但它可以清热消暑，让我们变得身体健康呢！这样吧，妈妈吃一块，你也吃一块，好吗？”

孩子挑食、偏食，不好好吃饭，实属正常现象。家长与其使用一些不太合适的话语来强迫孩子好好吃饭，不如多花点儿时间和精力去了解孩子挑食、偏食的主要原因，而后再对症下药，有针对性地帮助孩子逐渐改掉挑食、偏食的不良习惯。

要开饭了，孩子要吃可乐鸡翅

情景展示

妈妈正在厨房做晚饭，淳淳追着妈妈说想吃可乐鸡翅，妈妈说："家里没有鸡翅了，今天太晚了，来不及去买了，我明天做给你吃，好不好？"只听砰的一声，淳淳把垃圾桶踢到一边，然后抿着嘴，很生气地看着妈妈。

情绪解读

父母最不想看到的就是孩子撒泼、打滚、不讲理，孩子非常生气，父母心中的怒火更是噌噌往上蹿。这时，一些父母可能会下意识地以暴制暴，甚至用武力征服。但用暴力来制服孩子，让孩子把愤怒憋回心里，真的可取吗？

心理学家指出，孩子发怒表面上是在向父母施压，其实是在向父母求助。孩子不再伪装，毫无保留地向父母展示自己的坏情绪，是在向父母传递一个信号："我心里非常不舒服，需要您的帮助。"

愤怒不过是一种正常的情绪，孩子发怒当然也没有错，只是孩子宣泄负面情绪的方式不正确。所以，当孩子发脾气时，家长要做的就是走进孩子的内心，了解孩子发脾气的原因，然后帮孩子释放内心的消极情绪。孩子发脾气的常见原因有以下几点。

1. 想吸引父母的注意力，多见于年龄比较小的孩子。
2. 受到了委屈。
3. 受父母影响，父母经常大吼大叫会影响孩子的脾气。
4. 被父母溺爱。

错误话术

儿童心理学家黛博拉·麦克纳马拉博士提出：发脾气本身对孩子来说是无害的，有害的是阻止孩子发脾气的行为。可是，有些家长总是用错误的话术来阻止孩子发脾气，结果使孩子更加生气。父母常见的错误话术如下：

"你再乱发脾气，就给我去厕所罚站！"

"你要是再胡乱摔东西，看我怎么收拾你！"

"别哇哇叫了，再这样就揍你了！"

正确话术

如果孩子情绪失控，父母一定要用温和的语气来劝解孩子，让孩子知道发脾气对解决问题没有帮助。让孩子明白越是发脾气，别人就越没办法理解他，更不能帮助他。这样一来，孩子就更容易接受父母的建议。

“你对妈妈发脾气，妈妈非常难过。你是不是心情不好？咱们聊聊，好吗？”

“下次心情不好，你就直接告诉妈妈你想做什么，好吗？”

“走，妈妈陪你打羽毛球去。没有什么是打一场球不能解决的，不行就打两场。”（运动是发泄负面情绪的重要方式，运动会让大脑分泌多巴胺，多巴胺会让人有快乐的感觉，能有效缓解人的负面情绪。）

每个孩子都是独一无二的，他们的情绪表达和处理方式也会有所不同。家长需要耐心地观察和了解自己孩子的特点，提供个性化的指导，帮助孩子更好地管理自己的情绪，同时促进孩子的情感发展和人格成长。

在游乐园耍赖，不想回家

情景展示

小光和妈妈在游乐园玩了一天，到了回家的时间，小光还是不想回家，妈妈很着急，说道："快点儿，咱们要回家了。"妈妈催促了几遍后，小光抱着妈妈的腿大哭道："我不要回家，我还要玩儿。"

情绪解读

孩子耍赖，特别是在公共场所撒泼打滚、大喊大叫，会让父母非常恼火。父母一般都会认为孩子被惯坏了，却忽略了孩子耍赖的原因往往与父母回应孩子要求的态度有关。

回应不仅仅指答应孩子的要求，还包括对那些没有被满足的欲望的安抚。当孩子的要求不能得到满足，情绪也不能得到安抚时，孩子就会使出他认为有效的方法——用耍赖来要挟父母满足自己的需求。

当然，那些使用耍赖方式要挟父母的孩子，一定是熟悉要挟的技巧或者清楚要挟的威力的。比如，使用打滚的策略，父母马上就跑过来答应自己的要求。这种办法效果非常好，孩子当然会常常使用。

那么，孩子是怎么知道并且学会要挟的呢？最常见的是父母要挟过孩子，或者经常要挟孩子。只不过父母的要挟表现为强词夺理、横眉怒目、恐吓威胁，甚至体罚，而孩子融会贯通以后，变为耍赖撒泼、满地打滚。

当下很流行的一种应对孩子耍赖的方式，即视而不见，认为等孩子自己觉得无趣之后，自然会不再耍赖。但这种方式真的好吗？我认为这种冷漠拒绝的方式非常不好，它是一种不尊重、不理解孩子的方式，会让孩子觉得很受伤。

错误话术

要挟也许能让孩子乖乖听话，但孩子肯定一肚子的不乐意。请家长反省一下自己是否有过要挟的行为。其实，孩子一点儿也不贪心，如果他的心理需求得到了满足，就会很容易接受父母的建议。常见的错误话术如下：

"我说了不买就不买！你最好赶紧走，不走让爸爸收拾你！"

"我数到三，你再不起来我就自己回家，你留在这儿看门吧。"

"你这孩子也太不懂事了，以后不带你来玩了！"

"下次如果你再这样哭闹，我就不带你去游乐园了。"

正确话术

孩子很容易把父母的行为和对他的爱联系起来。所以，父母如果爱孩子就一定要告诉他，让他知道父母的爱是无条件的，让孩子相信，就算父母一时发火训斥了他，或者拒绝了他，父母还是爱他的。孩子耍赖的时候往往是最需要爱的，父母坚定的爱能让孩子有足够的安全感。比如，父母可以这样说：

“小光，妈妈虽然爱你，但不能满足你的这个要求。我们找一下其他的解决方法，好吗？”

“我爱你，妈妈知道你很想吃棒棒糖，但你今天已经吃过了，再吃牙齿就会生病的。你不是不喜欢去看牙医吗？”

“我知道你特别喜欢这个玩具，但这个是叮当的。他也很喜欢这个玩具，要是你拿走了，叮当会非常难过的。我们可以下次再来，和叮当一起玩呀！”

“这个玩具确实很不错，但我们家里已经有一个了。要是你想哭的话，就哭一会儿吧！”

“你很喜欢那个变形金刚，妈妈没答应给你买，所以你哭了，是吗？以后你想要什么东西，可以郑重地告诉妈妈，而不是哭闹，妈妈一定好好考虑，好不好？”

孩子哭也是表演，如果没有观众，他也不会哭太久。重要的是，让孩子明白父母是有原则的，不管他使什么招数都不可能动摇。当孩子的情绪平复之后，父母切忌给孩子施加压力，而应该安抚孩子的情绪，表达对孩子的理解和宽容。

"凭什么听您的"

情景展示

春节期间，然然跟妈妈去舅舅家，她收了好多红包，高兴地说道："哇！好多压岁钱！我要买漫画书，还要买……"妈妈伸出手，对然然说："把压岁钱交给妈妈，我来帮你保管。"

然然气愤地说："凭什么听您的？我的压岁钱我要自己保管！"

情绪解读

孩子第一次和你顶嘴时的样子，你还记得吗？孩子当时是张牙舞爪，还是怒气冲冲？你有没有感到很惊讶，那个在自己怀抱里长大的小可爱现在居然开始和自己顶嘴了！被自己的孩子质疑，你是否感到愤怒？还是说，你早已经有了心理准备，明白终有一日孩子会和你出现分歧。

孩子和父母顶嘴，大多数情况是因为孩子的意愿没有被尊重与理解，还要受到父母强势话语的压制。在语言表达能力和思维水平都发展到某一高度之后，孩子会特别渴望表达，渴望争辩，渴望得到重视与理解。假如父母一意孤行，不予理睬，那亲子间的隔阂就可能会加深。

尤其值得注意的是：怎么处理在公共场合中的亲子关系呢？无论是孩子还是父母，都不愿意在众人面前发生争执，那种尴尬的场景甚至没有办法形容。在公共场合假如有发生争执的迹象，应该尽快将其消弭于无形。在日常生活中，父母也要教育孩子在公共场合注意言行，做到克制冲动，理性行事。

错误话术

随着不断成长，孩子不仅有了自己的价值观，还有了权利意识。当自己的权利受到威胁时，孩子就会开始为自己争辩。假如父母还用高孩子一等的姿态，用“凭我是你父母”的态度来压制孩子，就会让孩子觉得跟父母无法沟通，亲子关系会逐渐疏离。父母常见的错误话术如下：

“你真是太不懂事了，还说凭什么听我的，凭我是你妈妈。你一个小孩子，要那么多钱做什么？”

“你要买这个玩具，我今天就是不给你买。你坐在这里不走是吧？那我走了！”

“不能让你自己保管，我不讲理，你也得听我的！”

正确话术

孩子顶嘴时，家长不要冲动，不要不分场合地批评孩子，以免让自己和孩子都陷入尴尬的境地；家长应该克制情绪，在合适的环境中跟孩子心平气和地聊一聊。被孩子质问时，家长应该及时分析孩子的需求和想法，并和孩子进行平等的沟通。话术建议如下：

“不是因为我是妈妈就一定要听我的，而是由你保管压岁钱，你容易忘记放哪儿了。你放心，就算妈妈帮你保管，也绝对不会用这些压岁钱的，它们还是你的。”

“咱们之前不是说好了，国庆节的时候给你买个玩具。现在还没到时候呢，你先跟妈妈回家，等到时候我们再来买，好不好？你看，闹脾气会让心情变得不好，咱们回家吃好吃的吧！”

“因为你现在还不够细心，你可能会忘记自己放钱的地方。还记得去年吗？我们找了好久才找到。”

如果孩子在公共场合撒泼、顶嘴，大部分家长都会很头疼，因为要是不能妥善解决，不仅会让不愉快升级，还会让别人看笑话。所以，在教育孩子的时候，家长一定要注意场合、分寸，最好把问题带回家解决。当孩子胡搅蛮缠、不讲道理时，适当的利诱不失为救急的好方法。

孩子要求养一只小狗

情景展示

萱萱超级喜欢小动物。有一天，她和妈妈路过宠物店，她很喜欢店里的一只小狗，于是跟妈妈撒娇道：“小狗真可爱！我们把它带回家，好不好？”妈妈很为难，劝了萱萱很久，说家里空间有限，白天大家都不在家，没有人能照顾小狗，可是萱萱还是坚持要把小狗带回家。

情绪解读

孩子很容易对小动物产生满腔爱意，并且出现想拥有一只小动物的念头。但是，他们对小动物的喜爱似乎并不够坚定：他们是一时兴起还是真心喜欢？他们把小动物定位成玩具还是小伙伴？在不完全了解孩子心意的情况下，假如父母贸然同意孩子养小动物，恐怕最后结果不会太理想。所以，在孩子提出养宠物的请求后，很多父母的第一反应都是拒绝。

然而，要是孩子能够对小动物负责，并且家中也有养小动物的条件，那么养一只小动物也是挺好的。首先，养小动物可以给家里带来很多欢乐。其次，小动物会减少孩子的孤独感，让他有忠实的伙伴。此外，在和小动物相处的过程中，孩子也会收获很多，比如：学会负责，懂得敬重生命，掌握照顾小动物的技能，等等。

父母需要注意的是，养小动物可能会给别人带来困扰，也可能会带来伤害。所以，在答应孩子养小动物之前，一定要进行全面考虑，并且让孩子参与进来，让孩子明白要面对的困难与风险，以及可能出现的状况，让孩子尝试着去思考问题、解决问题。

错误话术

孩子迫切想养小动物的时候，往往不能考虑周全，而父母却不能不考虑各种外在因素，因此一定要提前向孩子说明潜在的风险与现实的困难。但是，请家长朋友务必注意说话的语气，不要让孩子越听越产生逆反情绪。常见的错误话术如下：

“萱萱，你适合养小动物吗？养小兔子、小猫、小鱼时，你都是三分钟热度，最后全是我和你爸在养。你可以养小狗，但是如果你不能坚持自己照顾，不负责任，我就把它送走。”

“这小狗是挺可爱的，但是太麻烦了，妈妈不同意你养，不想离开它也得跟我回家。”

“没什么麻烦的？等真的开始养你就知道麻烦了。我们白天都不在家，谁来照顾小狗？”

正确话术

孩子兴致高昂地想养小动物，父母则要考虑到家中的条件和可能带来的麻烦，难免会有一些顾虑。从积极方面来看，父母可以借此机会让孩子更有责任心，让孩子负起一定的责任，比如照顾小动物。但同意也好，不同意也罢，家长都要用正确的话术来跟孩子沟通。比如：

“萱萱，白天你要上学，爸爸妈妈要上班，都没有人照顾小狗。如果只能被关在家里或者被拴着，小狗能愿意吗？它会不开心的。”

“咱们楼下的老爷爷最怕吵了，是不是经常让你声音小一点儿？要是小狗不适应我们家的环境，不停地叫唤怎么办？而且你每天要上学，我和你爸爸也要上班，白天谁来照顾它呢？”

“假如它每天早上六点就要出去遛弯儿，你能起来吗？爸爸妈妈工作很辛苦，早上又要起来做早饭，没有时间遛它，你可以吗？晚上小狗还要出门散步，你愿意牵着它不让它乱跑吗？要是你能承担照顾小狗的责任，我们就同意你养它。”

当孩子要求养一只小狗的时候，父母在给出回复前一定要全面考虑现实情况。面对孩子的请求，父母务必让孩子了解家里的难处与可能出现的状况，让孩子有足够的心理准备，并用平等、诚恳的态度跟孩子一起商讨。此外，父母还要让孩子学会担起责任。在孩子理解现实情况之后，养不养小狗都不会影响亲子之间的感情。

第七章

解决孩子和亲戚间的不愉快

不主动向长辈打招呼

情景展示

周末，妈妈带着佳佳去朋友小李家做客。见面时，李阿姨说："佳佳，你好啊！"佳佳低着头没说话。妈妈在后面推推她，催促道："快说'阿姨好'呀！"佳佳扭扭身子，躲到妈妈身后去了。妈妈尴尬地说："这孩子太害羞了。"

情绪解读

当孩子在长辈面前扭扭捏捏、不说话的时候，父母很容易被激怒，觉得特别没有面子，还会担心对方在背地里嘲笑自己不会管教孩子。恼羞成怒的父母通常会责骂孩子不懂事、没礼貌，甚至逼迫孩子说话。结果，孩子并没有大大方方地打招呼，反而变得更加沉默和胆小，或者干脆走到父母的对立面：你越是让我说话，我就越是闭紧嘴巴。

为什么会出现这种情况？因为随着年龄越来越大，孩子慢慢有了自己的想法，他不愿意被别人指挥，即便对方是父母也不行。

一般来说，孩子在3岁之前都比较听话，比如我们让孩子说"阿姨好”“奶奶再见”，他很乐于鹦鹉学舌，甚至还会主动挥挥小手。但3岁之后，孩子学会了判断，有了个人喜好，家长会发现孩子开始叛逆，有不听话的行为。

其实，很多孩子不愿意打招呼是有原因的，只是家长不明白，也没有主动去跟孩子交流，于是随便给孩子贴一些标签或者直接训斥孩子，给孩子造成了严重的心理伤害。

错误话术

很多时候，家长越催促，孩子越羞涩。所以，家长一定不要不问缘由就逼迫孩子打招呼，否则只会让孩子越来越抗拒成为一个有礼貌的孩子。常见的错误话术如下：

“只是让你打个招呼，这很难吗？”

“快点儿，说‘阿姨好’。”

“你是不会说‘您好’吗？”

“刚才为什么不打招呼？这么没礼貌怎么行啊？”

正确话术

有的家长认为孩子还小，不需要介绍，所以就直接忽略了。假如家长能在介绍完长辈后，再向长辈介绍一下孩子，比如：“看，这就是我儿子，叫周浩，今年9岁，喜欢画画、打篮球。”被家长郑重其事地介绍，孩子会觉得父母很重视自己，再加上对方已经示意问好，大部分孩子会热情地问候对方。正确话术如下：

“佳佳，是不是今天心情不好，不想说话？跟阿姨打个招呼，你就可以去房间休息了。妈妈知道，你一直都是个有礼貌的姑娘。”

“这位是李阿姨，之前你也见过的，她就是在年会上唱歌很好听的阿姨，我们都听入迷了。”

除了“你好”“吃了没”这种模式，打招呼其实还有一些不同的方式，家长可以主动给孩子示范，让孩子知道。打招呼是有礼貌的表现，更是交流感情的重要方式，关心对方或者简单地寒暄都可以拉近彼此之间的关系。父母经常给孩子示范，孩子自然会逐渐领悟打招呼的窍门，成为有礼貌、招人爱的孩子。

“您不是我爸妈，凭什么管我”

晨晨跟着妈妈到舅舅家做客。晨晨沉迷于打游戏，吃饭的时候舅妈喊了他好几次。最后，晨晨不耐烦地说：“您不是我爸妈，凭什么管我？”这时，妈妈走过来对晨晨说：“怎么说话呢？快跟舅妈道歉。”

情绪解读

当孩子有了非常不礼貌的行为，说出无礼并伤人的话时，父母务必及时干预，不能轻轻放过。但是，父母在对孩子进行引导、教育的时候，一定要反思为什么会出现这样的状况。比如：你是否教过孩子怎样做一个有礼貌的人？在孩子第一次不主动跟亲戚打招呼时，你是否提醒过孩子？在孩子躲进自己的小世界，不愿意和亲戚朋友接触时，你是否鼓励过他？教育孩子有礼貌应该是长期任务，在孩子行事无礼的时候，父母就应该提醒孩子要重视，不要再犯。

当孩子在亲戚、朋友面前出现无礼的行为、说出无礼的话时，不仅会让对方觉得孩子表现不佳，还会让对方对孩子的父母有所质疑。从某方面来说，孩子的表现确实能展示出他的家教怎样，他的父母是怎样的人。所以，家长都很重视对孩子的礼貌教育。面对孩子的无礼行为，父母一定要克制自己的脾气，切忌暴躁易怒。跟怒气冲冲的责备相比，让孩子迅速意识到自己的错误，然后及时补救才更加重要。

在对孩子进行礼貌教育的时候，父母要格外注意细节，不仅要让孩子言行得体，还不能让亲戚、朋友尴尬。在带着孩子走亲访友之前，父母可以先告知孩子要见什么人，怎么称呼对方。在聚会的过程中，父母应该不定时地给孩子一些提示，让孩子重视自己的行为和言语。

错误话术

如果孩子没有意识到自己的错误，家长不要逼着孩子道歉，因为要是孩子表现出一副不情不愿的样子，反而让在场的人认为大人和孩子都没有诚意。常见的错误话术如下：

"晨晨，跟舅妈道歉，快点儿过来。你说的是什么话？妈妈不看着你，你就不懂事儿了。"

"快点儿道歉，从今天开始，玩游戏被取消了，什么时候懂礼貌了才能玩。"

"舅舅、舅妈跟咱们一年都见不到几次，你怎么说话这么没有礼貌？"

"你不知道这是舅妈吗？说话注意点儿。"

正确话术

谁也不是天生就懂礼貌的，所以想让孩子懂礼貌是要后天培养的。父母是孩子最好的榜样，孩子热衷于模仿别人，父母的言行举止礼貌有加，孩子自然会跟着一起有礼貌。当然，会说话的父母带出的孩子也会更有礼貌。家长可以参考以下话术：

“晨晨，来妈妈这儿。舅妈好心喊你吃饭，你都不理会，还用这种语气跟舅妈说话，你想想舅妈会不会很伤心。你可是懂礼貌的大孩子了，先去吃饭吧，然后自己找舅妈道歉去。”

“晨晨，如果你喊弟弟吃饭，弟弟这样对你说话，你是不是会很伤心？妈妈知道你一直都是弟弟的好榜样，自己主动去跟舅妈道歉吧！”

“只要你愿意，你肯定可以做一个懂礼貌的好孩子。当然，妈妈也会随时提醒你，刚才你对舅妈做了不礼貌的事，要记得去道歉哦。”

当孩子有无礼行为时，父母一定不要暴躁，更不要为了所谓面子而当众逼迫孩子去做什么。孩子的礼貌教育应该融入日常生活中，父母要随时随地给孩子做个好榜样。如果孩子对怎样做才是有礼貌存疑时，父母要从细节处提醒孩子。

“我没有堂姐漂亮，也不如她聪明”

情景展示

一次，果果跟着爸爸妈妈回老家拜年，她听到亲戚们都在夸奖叔叔家的堂姐：“小韵越来越漂亮了。”“听说小韵的学习成绩一直很好。”“小韵真是又漂亮又聪明。”……果果感觉自己太没用了，后来她伤心地问妈妈：“我没有堂姐漂亮，也不如她聪明，您还爱我吗？”

情绪解读

青少年时期是孩子的生理、心理都发生剧烈变化的阶段。

首先，大部分青少年进入身体发育的第二个高峰期，他们不仅在身体方面经历着很大的变化，还会越来越关注个人的形象。如果不能以满意的姿态出现在别人面前，他们就会感到有压力。

其次，由于受各方面因素的刺激和对自身的片面认识，青少年不免常常受挫，比如考试成绩不理想、容貌不够出色等，这些都可能导致他们失去自信，甚至自暴自弃。

父母需要注意的是，当孩子已经出现自卑心理时，假如父母不能理解孩子，还采用指责和抱怨的方式，就很容易加深亲子之间的隔阂。对青春期的孩子来说，本来就已经产生了强烈的挫败感，还要面临来自父母的指责和抱怨，他们很容易陷入自暴自弃的情绪，出现抵触、叛逆等行为。

错误话术

当孩子出现自卑心理时，父母要及时在情感上给予他们回应——充分的理解。千万不要说出下面这些话：

“果果，没人惹你吧？今天在你堂姐家你一副不高兴的样子，过年都高高兴兴的，你这个样子给谁看呢？你也太不懂事了。”

“你堂姐现在真的很漂亮，而且她学习一直都很好，你真是哪儿都比不上你堂姐。”

“你成绩还是不够优秀，这么多年都没能搞好学习，我也想有一个大家都夸赞的孩子。”

正确话术

由于孩子的思维还没有完全成熟，他们通常会无限放大自己不足的方面，而忽略自己优秀的方面，父母一定要引导孩子全面、客观地认识自我。比如父母可以这样说：

“果果，妈妈很爱你。是不是今天大家夸奖堂姐成绩好的事情让你不开心了？还是说看到堂姐那么漂亮，你有点儿羡慕？跟妈妈说说吧，有什么不开心的事都可以告诉妈妈。你不开心，爸爸妈妈会担心的，对你的身体也不好。”

“宝贝，妈妈爱你。堂姐确实很好看，也很优秀，但你也有自己的优秀之处。你仅凭相貌、成绩有所欠缺就否定自己是不对的。一个人优秀与否的评判标准有很多，比如才艺，你在乐器、唱歌方面都很优秀。”

“妈妈知道你学习很努力，成绩好不是为了得到别人的夸奖，而是为了自己的未来。成绩需要一步步地提高，我们可以定一些小目标，每次进步一点点，坚持下来，你的成绩一定会越来越好。”

有些父母喜欢给孩子“打鸡血”，孩子因此而产生冲劲，其实，这种方法不可取，因为一旦失败，孩子可能会受到更大的打击。对于那些因为自卑而自暴自弃的孩子，父母应该帮助他们制定符合实际的目标，让孩子一步步找回自信。

大人说话孩子总插嘴

闫坤跟着妈妈去参加聚会。在妈妈跟同学交谈的过程中，闫坤总是插话："叔叔，您喜欢玩游戏吗？""叔叔，您这款手机好酷啊！"妈妈感觉特别尴尬。

情绪解读

当家长与客人谈话时，孩子若总插嘴，要么问这问那，要么断章取义，试图加入大人的谈话，致使谈话被打断，会令家长尴尬不已。对此，很多家长常常会对孩子进行质问或指责，很少会去探究孩子插嘴背后的原因。

家长在不了解原因的前提下，只是一味地质问或指责孩子，非但不能使孩子意识到乱插嘴是一种不礼貌的行为，反而会使孩子感到委屈，甚至会使孩子缺失安全感。在孩子插嘴时，家长先要控制好自己的情绪，然后再去冷静理智地分析原因。

在通常情况下，孩子总插嘴的原因主要有以下五点。

1. 孩子想表达自己的感受，想被大人看到。

2. 孩子总以自我为中心，不懂得尊重他人的感受。

3. 孩子对大人所讨论的事情感兴趣，想参与其中。

4. 家长也喜欢插话，给孩子带来不良的行为示范。

5. 孩子没有耐心等待，有问题就想立刻得到家长的解答。

错误话术

当大人谈话，孩子插嘴的时候，有些家长会因为尴尬、生气而冲孩子说一些不太合适的话语，比如：

“你怎么这么讨厌啊，总是打断大人的谈话！”

“大人说话，小孩子别老插嘴，你懂不懂礼貌？”

“我有没有给你讲过，大人说话时小孩子不能插嘴？为什么我都讲了几十遍了，你的老毛病还是不改？”

“你没看见妈妈正在跟别人说话吗？你老插嘴是怎么回事儿啊？”

正确话术

了解孩子乱插嘴的原因后，家长就可以提前想好对策，帮助孩子逐渐改掉乱插嘴的习惯。同时，家长还可以借助话术引导或鼓励孩子，让孩子感受到自己没有被忽视。下面是给家长的一些话术建议：

“如果你正在和好朋友聊天，妈妈总在旁边插嘴，你会不会觉得妈妈很烦呢？”

“大人正在谈话时，你总在旁边插嘴势必会干扰大人交谈，这是非常不礼貌的。”

“妈妈要和同事说说工作上的事，你需要自己玩一会儿。如果中途你有什么话要跟妈妈说，妈妈希望你能耐心地等我们把事谈完。妈妈相信你能做到！”

“妈妈希望你在插话之前能给妈妈一个信号，比如你可以说：‘不好意思，我需要打断一下。’然后，在获得妈妈允许之后再说话。当然，最好是不要插话。”

“如果我的话还没说完就被人打断，那我会很不高兴的。”

家长不要将孩子总插嘴定义为不好的、消极的行为习惯。事实上，孩子总插嘴表明孩子求知欲强、表现欲强、思维敏捷。因此，家长要做的是引导孩子在适合的时机，以正确的方式插嘴，以提升孩子的求知欲、表现欲和思维敏捷性。

兄弟姐妹间的争吵

明明上小学三年级，他的哥哥上五年级，哥俩经常吵架，一会儿明明哭着告状说“哥哥打我了”，一会儿哥哥不耐烦地说“明明又动我的东西，我得收拾他一顿”。妈妈一会儿告诫哥哥，一会儿训斥弟弟，变得越来越焦躁。

情绪解读

兄弟姐妹间争吵自然是有目的的，即想要得到父母的关注。心理学家建议，父母在孩子争吵时最好不要判定哪一方不好，不予理会反而是最好的。

比如，弟弟故意招惹哥哥，然后借机向妈妈告状“我被哥哥打了”，以获得妈妈的关注。如果孩子们的争吵没有什么危险，父母要尽可能地别去理会，可以冷静地对孩子说：“我去厨房做饭了！”“有点儿吵，能小点儿声吗？”之类的话，暂时离开是一个很好的办法。

此外，就算需要父母从中说和，父母最好也不要给出判定，而应认真聆听双方的话，问问大儿子："是不喜欢弟弟的行为吗？""你觉得弟弟不尊重你，是吗？""你动手是因为实在不能忍耐这件事，对吗？"再问问小儿子："是不是很痛？"这样很容易跟孩子产生同理心。有时候，孩子得到聆听，心里就能稍微舒畅一些。

还有一点很重要：家长千万不能只要求年长的孩子谦让。如果两个孩子使用共同拥有的东西，一定要有相应的规则，比如什么时间是谁使用、使用多长时间等，父母要跟孩子们共同商量决定。

错误话术

当孩子们吵架时，父母最好不要说一些让孩子伤心的话，比如：

"你是哥哥，应该好好跟弟弟说话！"

"为什么不能友好相处呢！"

"说的什么话！不可以这么说话！"

"哥哥把玩具给弟弟！你们要轮流玩！"

"太吵了，你们都到楼下去！"

"弟弟并不是故意的，原谅他吧。"

正确话术

如果孩子有暴力行为，要告诉他这样是不行的。父母在场的话，争吵很容易变本加厉，所以父母可以暂时离开现场。要注意的是，父母要冷静地表达自己的心情，让孩子知道父母是怎么想的。下面给大家一些话术建议：

“打人是不好的行为。”

“请问发生了什么事情？”

“可以说给妈妈听听吗？”

“你们可以一个一个地来说给我听。”

“这种说法不太好。我不希望你这么说话。”

“妈妈不愿意看到你们抢来抢去。你们好好想想，怎样做才能愉快地一起玩？”

“打人、踢人很不好。你们声音太大了，能到外面去玩会儿吗？”

“喜欢的玩具被弄坏了，心情很糟糕吧？”

换个角度思考，兄弟姐妹间的争吵有时也是他们成长的一部分。通过争吵，孩子可以学会应对复杂的人际交往，坚持自我立场，以及如何和解。因此，家长在确保孩子安全的前提下，不必过分担忧孩子间的争吵，而是应该利用这些机会作为教育孩子和帮助孩子成长的契机。

第八章

剖析那些成长的小烦恼

“妈妈，我不敢一个人睡觉”

情景展示

小宇已经是小学生了，妈妈让他自己睡一个房间，可小宇紧紧拉着妈妈的手，说：“妈妈不要走，我怕！”

情绪解读

恐惧是一种本能的情绪，是人类在躲避伤害时表现出的自我防御反应。当孩子满脸恐惧地依偎在父母身边求助时，如果父母没有理会，或者只是随口应付孩子“不要怕”，甚至用“胆小”“没出息”来嘲笑孩子，这不仅不能帮助孩子战胜恐惧心理，还会让孩子感到孤立无援，越来越胆小。如果不想让孩子的恐惧情绪蔓延，父母应该尽量避免以下三种行为。

1．拿孩子恐惧的东西来吓唬孩子。比如：孩子怕狗，就警告孩子“再不听话，小狗就会来咬你了”；孩子怕打针，就吓唬孩子“你要是不乖乖吃药，就让医生给你打针”。如果孩子经常被吓唬，就会形成条件反射，进而会加剧恐惧反应。

2. 用“胆小、没用”来评价孩子。这会让孩子形成一种潜在的心理暗示，当遇到恐惧的事和困难的时候，孩子就会想起父母对自己的评价，觉得自己就是“胆小、没用”，于是变得越来越缺乏勇气。

3. 对孩子的胆小的表现不以为意，觉得等孩子长大点儿就胆大了。的确，孩子的认知水平会随着年龄的增长而不断提升，但如果小时候的恐惧心理未能得到妥善处理，则很容易留下心理阴影，进而发展成心理障碍。

错误话术

每个孩子都会遇到恐惧的事。父母千万不要打击和压抑孩子的恐惧心理，而应该教孩子去面对和处理，这样孩子才能远离恐惧的阴影，有足够的安全感。所以，请不要说一些让孩子不安的话，比如：

“你已经上小学了，是个男子汉了，这么胆小会被同学笑话的。”

“你都多大了，怎么还不敢一个人睡？”

“根本就没有鬼，你是看电影里有鬼吧？那都是人扮演的。”

“男子汉大丈夫，怎么能怕打针？”

“哪儿有什么怪兽？动画片看看就算了，别当真。”

“天黑有什么可怕的？别胡思乱想！”

正确话术

家长要允许孩子害怕，给孩子内心的恐惧留一个出口。当孩子发现自己的恐惧是被认可的，父母一直在身边守护自己时，他会觉得压力越来越小，会感到无比安心。下面给大家一些话术建议：

“打针确实有一点儿疼，不过你想一下中午吃什么，几秒钟就过去了。如果实在忍不住，想哭也可以哭一会儿。”

“妈妈来看一下。哦，原来是梧桐树的影子啊！风有点儿大，刮得树枝来回摇摆，看起来像怪兽。你要不要过来看看？”

“我们关上灯，妈妈牵着你一起来观察黑暗中的房间。慢慢走，这是椅子，这是书桌……”

“晚上让玩偶陪着你怎么样？这样你就有伙伴了，斑马特别厉害，它会替妈妈来保护你。”

因为孩子年龄还小，想象力又很丰富，所以会对诸如鬼怪、雷电、狂风等感到害怕。这种来自未知的恐惧，大多能被科学、合理的解释化解掉。

此外，父母的陪伴也很重要。当跟父母一起体验黑暗后，孩子会发现黑暗也不过如此。经过几次这样的体验，孩子对黑暗的恐惧便会消失。在心理学上，这种治疗儿童恐惧症的方法被称为“暴露疗法”。原理很简单：在体验最可怕的恐惧后，患者发现自己仍安然无恙，恐惧就会减少或消失。记住，体验恐惧一定要征得孩子的同意，不要逼着孩子去做。

“妈妈，咱家有没有钱”

舟舟在课间听到同学们讨论家里有几套房子、妈妈的年薪有多少，大家都在感叹：“×××，你家真有钱！”舟舟也想被同学羡慕，于是放学回到家后，他问妈妈：“妈妈，咱家有没有钱？”

情绪解读

一些收入较高的父母不想让孩子知道具体的家庭收入，以免孩子出现攀比心。而那些收入较低的父母，则不想让孩子觉得自己能力不够，怕丢了面子。其实，适度地让孩子了解一部分家庭收入情况，并告诉孩子这些收入的来源，才能让孩子懂得付出才有收获。

和孩子谈论金钱并不可耻，父母也可以直观地跟孩子介绍一下家庭支出和收入，比如：报钢琴课外班多少钱，家里每个月大概要支出多少钱，挣这些钱需要妈妈努力工作多少天……只有对金钱有一定的概念，孩子在消费时才能做到理性思考。

穷和富并不存在恒定的标准，如果父母给孩子灌输自己家很有钱，可以随便花的思想，就很容易让孩子出现爱慕虚荣、攀比的心理，甚至会让孩子变成坐享其成、好吃懒做的“啃老族”。父母应该向孩子传递这样的信息——钱可以通过自己的努力奋斗获得，这样有助于孩子树立正确的财富观和人生观，让孩子学会自食其力。

错误话术

为了不让孩子养成乱买东西的习惯，培养孩子勤俭节约的意识，很多父母喜欢对孩子哭穷，结果导致孩子买什么东西都过分担心价格，进而变得吝啬。除了哭穷，有的家长还喜欢炫富或者回避谈论金钱问题，他们经常会对孩子说一些有误导性的话。常见的错误话术如下：

“咱家没那么多钱，买不起这个玩具！”

“太贵了！妈妈和爸爸去哪儿给你弄那么多钱去？”

“咱家不具备那个条件……”

“咱家很穷的，所以你要节俭点儿，别买太贵的玩具。”

“妈妈不差钱，说吧，你想要什么？”

“咱们有没有钱，你操心那么多干什么？你只需好好学习就行了。”

正确话术

聪明的父母既不会哭穷，也不会炫富。不哭穷，让孩子知道父母有能力让他过上更好的生活；不炫富，让孩子明白钱是父母努力赚来的。比如：

“妈妈有钱，你没有。爸爸妈妈的钱是我们努力工作赚来的。你长大后工作了就能挣钱啦！”

“儿子，这就懂得关心家里的经济状况了？很不错！家庭经济状况主要包含两部分：收入和支出。收入需要通过认真工作获得，支出需要合理规划。通过爸爸妈妈的共同努力，咱们家的经济状况是收入大于支出。”

“咱家的钱是爸爸妈妈的，你没有钱。我们的钱是靠每天工作获得的，将来你也可以通过努力工作来赚钱。”

“咱们家虽然不是非常富裕，但也不是很穷。你不需要为钱担忧，你的合理要求爸爸妈妈也会尽量满足。”

父母应该正视家庭的贫富状况，做到不逃避、不夸大，引导孩子树立正确的金钱观。同时，父母还要让孩子知道，真正的财富不仅仅是金钱，还包括知识、健康、家人的爱和朋友的友谊等。

“同学的新球鞋是名牌，我也想要”

情景展示

在今天的体育课上，恺恺穿了一双新买的名牌足球鞋，大家都特别羡慕，下课后都围着他聊足球鞋。宁宁一直想要一双专业的足球鞋，放学后，他对妈妈说：“同学有名牌足球鞋，我也想要！”

情绪解读

看到同学穿的是名牌鞋子，宁宁内心不平衡，想让父母也给自己买一双，这是典型的比较心理。

从表面上看，比较心理是受外界刺激造成的，其实还有一些其他原因。

1. 产生比较心理的基础是孩子的天真和单纯，爱模仿的本性对孩子影响很大，他们下意识地认为别人怎么做，自己就得怎么做，别人穿什么，自己也要穿一样的，别人用什么，自己也要用什么。

2. 有些父母喜欢与人比较，导致孩子也喜欢比较。

3. 父母溺爱，这是最常见的原因。被溺爱的孩子会很容易有骄纵、以自我为中心的毛病，会坚定地认为别人有的自己也得有。

当然，比较心理并不是只有消极的一面，还有正向的一面，会对孩子产生积极的作用。家长应该多引导孩子进行正向的比较，比如引导孩子跟学习成绩优秀的同学比较，激励孩子在运动能力方面跟伙伴比较……在鼓励正向比较的同时，父母还要引导孩子远离过度的、错误的比较。

错误话术

假如父母喜欢在日常消费方面和别人比较，那么就不要指望孩子能远离比较。所以家长应该以身作则，在一言一行中不虚荣、不攀比，将朴实、低调的行事风格贯彻始终，才能潜移默化地影响孩子。在引导孩子时，父母注意不要说一些错误的话，比如：

“你也太不懂事了。虽然咱们家里条件还可以，但是你看看我和你爸爸都不穿名牌鞋，你怎么小小年纪就追求这个？这还没赚过一分钱呢，以后长大了怎么办？”

“班上同学穿名牌足球鞋，你就也要买一双啊？我不同意。”

“同学们都在讨论那双名牌足球鞋，你可以走远一点儿啊，看不到就不想买了。”

正确话术

父母在察觉到孩子的比较心理后，要及时引导孩子向正向比较发展，让孩子在自己的优势方面找寻自信。比如父母可以这样说：

“宁宁，难道就因为同学有新足球鞋，你就必须买吗？爸爸妈妈的工作都很普通，也做不到随便花几百块钱给你买鞋子，我们的钱要花在更有用的地方。妈妈觉得你足球踢得特别棒，球鞋是不是名牌的并不太重要。”

“妈妈给你买的运动鞋尽管不是名牌，但质量也是非常好的。你的鞋子穿着不舒服吗？你看，爸爸妈妈都不追求名牌鞋子，咱们穿鞋还是得以舒服为主。”

“宁宁，我们不该跟同学比吃穿用度，你可以在其他方面比一比，比如成绩、人缘，这两方面你不是很优秀吗？”

当孩子出现比较心理时，父母要及时开导，让孩子知道赚钱不易，要珍惜钱财，体谅父母工作的辛苦。当然，父母还要正确运用比较心理，让孩子在自己的优势方面找到信心，塑造正确的价值观。在日常生活中，父母也要以身作则，给孩子树立一个节俭的榜样。

孩子要去看偶像的演唱会

情景展示

小恒兴奋地跟妈妈说："妈妈，我的偶像太帅了！我想要一张偶像的演唱会门票。"妈妈尝试让小恒冷静下来，她并不赞同购买价格不菲的演唱会门票，没想到小恒越来越激动："为什么不同意我去看偶像的演唱会？我必须去！"

"马上要期末考试了，现在可不是看演唱会的好时机。"妈妈说道。

情绪解读

小恒喜欢上了一个歌手，想去看偶像的演唱会，于是向爸爸妈妈求助。

家长无须过度担心孩子追星。首先，追星可以让孩子认识趣味相投的朋友，收获归属感和认同感。其次，追星是一项轻松愉悦的活动，孩子能在一定程度上缓解学业压力。最后，通过向优质偶像学习，追逐偶像的闪光点，让孩子获得学习的动力。

当然，孩子如果追星过于狂热和盲目崇拜偶像，就会出现大手大脚花钱、影响学业等情况，这需要父母及时采取正确的方式进行干预。

错误话术

我们这些父母也都是从青春年少过来的，大部分人都有过追星的经历。但是，当孩子提出过分的要求时，父母应该好好地给孩子讲讲道理，而不是用不恰当的语言让孩子出现逆反心理。常见的错误话术如下：

“小恒，你把自己的零花钱都花在追星上了。演唱会门票太贵了，你怎么能要求妈妈再支持你呢？爸爸妈妈赚钱很辛苦，你都不体谅我们吗？这就快期末考试了，你不用复习了吗？”

“你喜欢这个歌手，喜欢可以听他的歌啊，演唱会就不要想了。”

“马上要期末考试了，现在可不是看演唱会的好时机。”

“追星有什么用？又不能当饭吃。看演唱会就是花冤枉钱，别做白日梦了。”

“明星的演唱会和你有什么关系？他认识你吗？一点儿出息都没有。”

“你看看那些成绩好的同学，有谁不懂事要去看演唱会？”

正确话术

父母应该试着去了解孩子的偶像以及孩子喜欢他的原因。如果孩子有过分的要求，父母可以从偶像的角度给孩子一些劝告。比如：

"小恒，你已经为偶像花光你的零花钱了。再说，马上就要期末考试了，你不应该再分心了。如果你期末考试取得好成绩，妈妈可以考虑以后带你去看演唱会。"

"妈妈能理解你对偶像的喜欢。但是，我们可以用其他方式来支持你的偶像，不一定是去看演唱会。妈妈希望你考虑一下实际情况。"

"妈妈看了一些关于你偶像的采访，他是不是公开说过很多次，希望你们这些还是学生的粉丝努力学习，不要跟着他到处跑呀？其实，支持偶像的方式还有很多，比如……"

孩子追星是一种正常的现象，尤其是在青春期这个特殊的成长阶段。青春期的孩子正处在身心迅速发展的时期，他们对于自我认同尤为敏感。明星作为公众人物，往往因其闪耀的光环和鲜明的个性，很容易成为青少年模仿和崇拜的对象。因此，家长应该理解孩子的追星行为。

当然，家长的理解并不意味着放任孩子追星。家长应当积极引导孩子，帮助他们从偶像身上学习良好的品质。同时，家长也要教会孩子批判性思维，帮助他们分辨媒体塑造的偶像形象与现实之间的差异，避免因盲目崇拜和过度投入影响到日常生活和学习。

此外，追星并不仅仅局限于追娱乐圈中的明星，家长还可以引导孩子关注那些在其他领域表现出色的人物，例如科学家、运动员、作家等。这些人物更具有榜样作用，能帮助孩子树立正确的人生观和价值观。